W0319509

Compétence Mémoire

Dossier pédagogique

Gérard Brasseur,
maître formateur

Caro,
illustratrice

ACCÈS Éditions

Sommaire

De l'école maternelle au collège, l'acquisition de savoir-faire et d'outils méthodologiques est essentielle. La mémoire est l'une de ces compétences transversales qui donnera à l'élève les moyens de progresser et de réussir dans les différentes disciplines scolaires, mais aussi plus tard, dans la vie professionnelle, où il faut être capable de s'adapter et d'assimiler de nouvelles techniques.

Une utilisation efficace de la mémoire suppose le déploiement de stratégies complexes permettant à l'enfant d'être attentif, de percevoir, d'organiser, d'anticiper, d'imaginer, de structurer l'information et de créer des réseaux de connaissance.

Pour de nombreux élèves en situation d'échec scolaire, on a pu constater que l'origine des difficultés rencontrées dans telle ou telle matière est liée à une mémorisation déficiente. Ainsi, de nombreux problèmes de lecture et de compréhension s'expliquent souvent par de mauvaises performances en mémoire de travail : l'élève qui, en fin de phrase, a oublié le début de celle-ci, ne peut comprendre ce qu'il lit. Il faut donc lui apprendre à visualiser ce qu'il lit et à activer sa mémoire immédiate.

Apprendre à apprendre
c'est rendre l'élève autonome

L'objectif de « Compétence Mémoire » est triple :

- donner à l'élève les moyens de mettre en œuvre, dans une situation donnée, le bon geste de mémorisation,
- mettre en place un véritable entraînement sportif de ses capacités d'attention, de concentration, de perception et de traitement de l'information par le biais d'exercices d'activation cérébrale,
- apprendre à mieux connaître ses points forts car chacun apprend différemment.

La mémoire

Ce qu'il faut savoir

Partagée par tous les êtres vivants, la mémoire est par définition la faculté d'enregistrer une information, de la stocker et de la rappeler sur commande ou involontairement.

Une fonction essentielle

Le rôle de la mémoire est essentiel dans la constitution de notre personnalité : tout l'environnement qui jalonne notre existence, les événements, les sentiments, les émotions, nos activités, le cheminement même de notre pensée sont stockés dans notre mémoire et contribuent à nous construire peu à peu tels que nous sommes.

En fait, **toute notre existence dépend de notre mémoire** car nous la sollicitons à chaque instant de notre vie quotidienne : comment conduire notre voiture si nous avons oublié le rôle de l'embrayage et de l'accélérateur, comment retrouver notre chemin si nous n'avons pas mémorisé l'itinéraire ou tout simplement savoir s'habiller ou utiliser sa brosse à dents si nous n'avons pas mémorisé ces gestes quotidiens.

Aucun apprentissage n'est possible sans mémoire.

À l'école et plus tard dans notre vie professionnelle une mémoire défaillante sera souvent à l'origine de nos échecs : retenir un cours, le nom et le visage de nos interlocuteurs, les règles de fonctionnement d'un photocopieur ou d'un ordinateur. Aujourd'hui, la mémoire devient un outil indispensable compte tenu de l'évolution des techniques qui font de plus en plus appel à elle.

Une mémoire ou des mémoires ?

Il n'existe pas un seul type de mémoire mais de nombreuses mémoires de nature différente plus ou moins développées chez chacun d'entre nous : la mémoire visuelle, la mémoire spatiale ou mémoire du positionnement des objets, la mémoire verbale ou auditive, la mémoire logique, la mémoire kinesthésique ou mémoire du mouvement, la mémoire olfactive et gustative, la mémoire tactile, la mémoire affective...
Si toutes ces formes de mémoire se localisent dans des zones bien précises du cerveau, **elles obéissent toutes aux trois règles de base : acquisition, stockage et rappel.**

La mémoire et le fonctionnement cérébral

Sur un plan neuro-fonctionnel, il ne faut pas oublier le rôle des processus biochimiques et bioélectriques à la base du fonctionnement cérébral. Ceux-ci peuvent être illustrés par deux grands principes.

- **Chaque nouvel apprentissage implique la création de nouveaux circuits neuronaux.** Les circuits ainsi créés augmentent la capacité de stockage de la mémoire. D'où l'importance de pratiquer des le plus jeune âge des jeux d'activation cérébrale afin de stimuler et de favoriser la création de ces connexions neuronales.
- **Le mécanisme multidimensionnel de ces circuits doit être développé afin de multiplier les chemins d'accès à l'information.** Cela implique de multiplier les modes sensoriels lors de la mise en mémoire d'une connaissance nouvelle : l'entendre, la voir illustrée à travers un schéma dessiné au tableau par l'enseignant, se reformuler dans la tête ce que l'on sait, en parler à quelqu'un, la restituer sous une forme écrite ou schématique. Toutes ces expériences vont contribuer à créer pour une même connaissance des circuits mémoriels multiples qui en faciliteront le rappel.

Un trésor à faire fructifier à tout âge

- Pour l'enfant, il s'agit de développer ses facultés en les stimulant à travers de nombreuses activités et jeux faisant appel à la mémoire.
- À l'âge adulte, il faudra développer et entraîner son efficacité.
- Pour la personne âgée, il s'agit de préserver son « capital mémoire » pour conserver son efficacité.

Annexe

Un facteur important pour la constitution d'un cerveau efficace : l'activité

Plus l'enfant sera mobilisé à l'éveil, à la curiosité, à l'activité sensori-motrice, plus le tissu nerveux construit sera « riche » en connexions neuronales si importantes pour la réception, la transmission et le traitement des informations

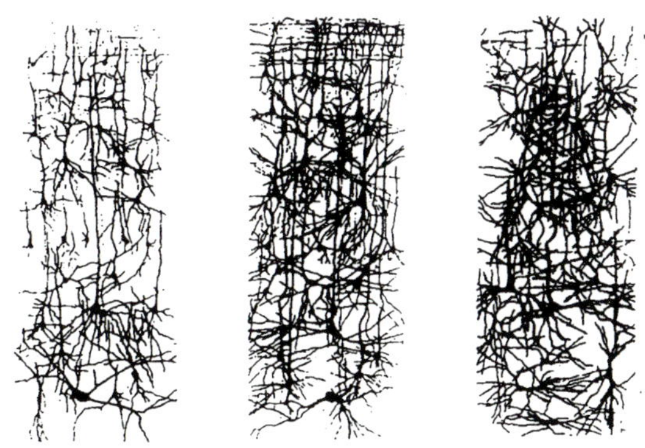

3 mois 15 mois 24 mois

Par une technique de coloration, on peut voir, sous l'effet de l'apprentissage, qu'il y a développement des dentrites des neurones du cortex temporal chez l'enfant.

> *« Ce n'est que par la mémoire que nous sommes un même individu pour les autres et pour nous-mêmes. »*
>
> —
>
> Diderot

Les étapes de la mémorisation

L'acquisition de l'information

La première étape du souvenir est liée à **la perception.** Pour qu'une information puisse être retenue, il faut d'abord qu'elle soit vue et entendue.
Cette perception est conditionnée par l'intensité de l'information, elle-même liée à la disposition d'esprit (facultés d'attention) et aux circonstances qui l'entourent. À ce stade de perception, la capacité de rétention de l'information est limitée en durée et en quantité : au-delà de quelques secondes, les informations sont perdues et remplacées par d'autres.
Si l'information a retenu notre **attention,** elle est acheminée par répétition mentale, par évocation vers la mémoire immédiate ou **mémoire de travail.**
À ce niveau, la durée de rétention est limitée : au-delà de quelques minutes, les informations risquent de tomber dans l'oubli si elles ne sont pas réactivées.

Le rappel

C'est l'opération par laquelle la mémoire ramène dans le champ de la conscience les images, les perceptions et les idées qu'elle a conservées.
L'opération de rappel met en œuvre **des stratégies de récupération.** Celles-ci dépendent des outils que nous avons employés lors du traitement où nous avons mis en place **des indices de rappel** qui nous permettent de retrouver le chemin vers la réponse cherchée.
Nous constituons ainsi **un véritable réseau de circuits mémoriels** où chaque information va peu à peu être reliée à d'autres par des fils conducteurs et intégrée dans un système de connaissances.
Ces phases de traitement et de rappel font sollicitent notre **concentration** car nous devons nous focaliser sur des opérations mentales très précises.

Le traitement de l'information

Pour accéder au niveau suivant, celui de la **mémoire à long terme,** l'information devra être préparée par un processus mental précis qui lui donne une structure schématisée lui permettant de s'intégrer au réseau déjà en place. Ce processus fait appel à la structuration, l'association, la répétition, la confrontation, le codage, les réactivations périodiques.
Le but est d'organiser et de préparer le rappel par la mise en place d'indices et de plans de récupération.
Tout se passe comme dans une gigantesque bibliothèque, chaque information doit être soigneusement étiquetée, regroupée par catégorie et rangée à une place précise pour pouvoir être retrouvée rapidement.

> « *Bien mémoriser une information,*
> *- c'est préparer son corps et son esprit à un état de réceptivité maximale,*
> *- c'est la « découper » en formes propices à une perception efficace,*
> *- c'est dès sa saisie, organiser son processus de rappel,*
> *- c'est lui affecter un sens et l'insérer à l'intérieur d'un contexte significatif et hiérarchisé,*
> *- c'est l'associer à une forme visuelle, à un concept concret, et la placer dans un contexte affectif.* »
>
> François Richaudeau

Schéma de fonctionnement de la mémoire humaine

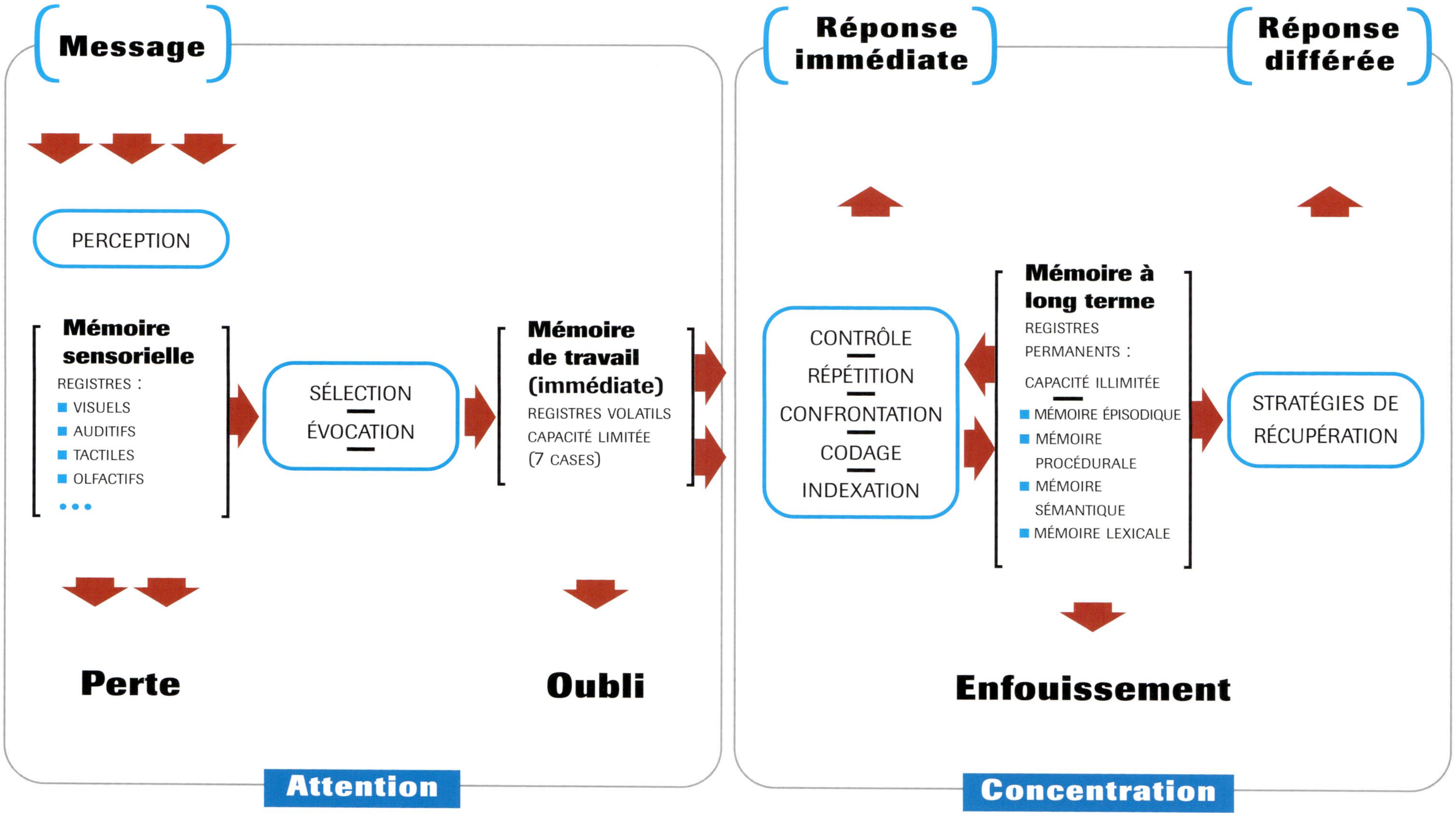

Une odeur, une musique flotte dans l'air, un visage passe, on vous parle, une multitude d'informations sont captées par nos cinq sens.
Une fraction de seconde après…
Elles viennent frapper à la porte de notre mémoire.
Sans effort d'attention, ces sensations s'effacent et ne franchissent même pas le seuil d'entrée de notre mémoire.
MÉMOIRE DE TRAVAIL
SORTIE
VERS SALLE DE CONTRÔLE
Celles qui ont pu entrer se retrouvent dans **la mémoire de travail.** Dans cette salle très fréquentée il n'y a que sept places et les informations devenues inutiles sont reconduites vers la sortie.

SALLE DE CONTRÔLE
VERS SITE DE STOCKAGE
Seules les informations vraiment intéressantes ou venant frapper plusieurs fois à l'entrée ont le droit d'accéder à la salle de contrôle. Là, elles sont analysées, regroupées, classées, étiquetées et dirigées vers le site de stockage : **la mémoire à long terme.**
Dans le site de stockage, elles sont rangées à un endroit précis. Tout se passe comme dans une gigantesque bibliothèque.
STOCKAGE
Quelques mois plus tard...
?
Pour retrouver rapidement une information, on ne peut se permettre de passer toutes les cases en revue.
Il faut pouvoir la localiser rapidement grâce à l'organisation et à l'étiquetage.
STOCKAGE

L'attention

Ce qu'il faut savoir

L'attention joue un double rôle lors du processus d'acquisition de l'acte de mémorisation.

- Au niveau de l'état de réceptivité et de la motivation, **faire attention, c'est avoir le projet, la volonté de s'imprégner des objets de perception afin de pouvoir les restituer mentalement.** On se prédispose à percevoir, on est dans un état d'attente où l'on se rend disponible à recevoir une information à l'aide de nos cinq sens. C'est **l'attention volontaire**.
- Au niveau de la perception, **faire attention, c'est sélectionner des indices pertinents au milieu d'une multitude de stimulations.** L'attention sélective constitue le type d'attention privilégié par l'élève lorsqu'il doit confronter l'information en provenance de l'environnement externe et celle issue de l'environnement interne. Les processus d'**attention sélective** sont ainsi directement liés aux connaissances que possède l'élève et par le traitement antérieur qu'il en a fait.

On comprend donc l'importance de l'attention pour la mémoire. Plus nous portons attention à une chose, plus il sera facile de s'en souvenir car elle laissera une trace plus intense dans la mémoire.

Comment ça fonctionne

La gestion de l'attention relève d'un processus composite de traitement et de régulation de l'information. Il est important que l'enfant puisse planifier un certain nombre d'étapes permettant une gestion sensorielle efficace de l'information qui lui est présentée.

- **La préparation ou mise en condition :** il s'agit de se mettre dans un état de réceptivité favorable en marquant un temps d'arrêt, en faisant le vide pour éviter tout ce qui pourrait distraire l'attention.

De petites séances de relaxation favorisent le contrôle de l'attention. Une bonne respiration, profonde, avec de grands intervalles entre les mouvements respiratoires, favorisera l'oxygénation du cerveau et augmentera l'intensité de l'attention.

Cette mise en condition sera d'autant plus efficace si l'on a fourni à l'élève des éléments de motivation : curiosité, désir, besoin... On fera plus attention à ce qui retient notre intérêt.

- **La mise en projet :** il s'agit de se mettre en mouvement et de se **projeter dans le futur.** L'enfant se donne un projet : *« Je suis attentif à... pour ».* Cette dynamique s'accompagne de toute une phase de **questionnement** (ce qu'évoque le sujet, ce que je sais déjà) afin de mettre en place les indices et les critères de sélection qui seront mis en œuvre lors de la phase de perception.

Le rôle de l'enseignant

Il est essentiel dans la mise en place d'un environnement stimulant permettant de capter l'attention de l'élève et d'activer les processus mentaux utiles à la gestion efficace des renseignements qu'il reçoit.

- **Il crée une ambiance propice à l'attention** en installant un décor agréable, en mettant l'élève en confiance mais aussi en aérant la classe (oxygénation du cerveau) et en pratiquant la relaxation.
- **Il suscite la motivation et la curiosité** en brisant la routine, en trouvant les moyens d'étonner, en diversifiant les modes de présentations et les situations.
- **Il favorise l'attitude active** et les facultés d'anticipation en suscitant la formulation d'hypothèses, et de questions avant d'aborder un sujet, en masquant partiellement le document.

Annexe

Pour se relaxer

1. S'étirer au maximum, comme un chat.
2. Respiration profonde (oxygène le cerveau, apaise...) :
- expirer totalement,
- inspirer par le nez en soulevant les épaules et la poitrine,
- marquer une pause de quelques secondes en apnée,
- laisser sortir tout l'air et creuser le ventre pour en chasser le maximum,
- recommencer une dizaine de fois.

Voici à titre indicatif quelques musiques de fond relaxantes :

- Bach, Concertos en sol maj. et ré maj., Concerto Brandebourgeois N° 4
- Beethoven, Sonate « Clair de Lune » et Concerto pour violon et orchestre op. 61
- Chopin, valses pour piano
- Haendel, Concerti grossi n° 1,2,3,4 de l'op. 6
- Mozart, Symphonies « Haffner » et « Prague »
- Saint-Saëns, Carnaval des animaux
- Tchaïkovski, Sixième symphonie
- Vivaldi, Concerto pour flûte et orchestre
- Wagner, Prélude de Parsifal

On trouvera également de nombreux titres dans la musique « New Age ».

Pour développer les facultés d'attention

Quelques conseils pour capter l'attention de l'élève

- Avant de débuter, **présenter un plan simple** du contenu associé à l'objectif d'apprentissage afin de placer les élèves dans un contexte de mise en projet et d'attente.
- **Commencer la séquence par une activité soutenue et non prévisible :** une situation problème, une petite histoire, un défi, un court extrait audiovisuel, une image ou un objet insolite…
- **Proposer la recherche d'un élément intrus,** anachronique, illogique qui exige un travail d'analyse précis.
- **Ne pas dévoiler d'emblée l'ensemble du document** afin de faire naître des hypothèses et de donner l'envie d'en savoir plus.
- **Faire rechercher des différences ou des évolutions** entre plusieurs documents montrant la même scène, la même notion, des structures comparables.
- **Entraîner à la prise d'indices** permettant de préciser le lieu, l'époque, le type de document, la situation…
- **Privilégier l'ordre perception-verbalisation** pour favoriser l'activité de recherche : dresser un inventaire des perceptions, classer, comparer, avant de passer à la phase de mise en commun et de verbalisation.

Pour maintenir l'attention de l'élève

- **Matérialiser et noter sur un tableau** les moments et les éléments importants pour permettre à l'élève de se repérer dans la séquence d'apprentissage et de maintenir un fil conducteur entre les informations.
- **Varier et changer régulièrement de canal perceptif** lorsqu'on réexplique pour multiplier et croiser les entrées.
- **Limiter les interventions orales de l'enseignant** à ce qui est strictement indispensable en privilégiant l'expression de l'élève sur la base d'hypothèses, de propositions, de constatations.
- **Alterner et démarquer les différents temps d'activité :** recherche libre, en groupe, oralisation et mise en commun, réinvestissement et temps de synthèse écrite.
- **Éviter de fournir une alternative à l'attention** (ne pas lire un texte que tout le monde a sous les yeux, ne pas oraliser une consigne que tout le monde doit pouvoir lire…), en démarquant les différentes opérations et en matérialisant le cheminement et le fil de la leçon.

Mémo

Lorsque je suis attentif

je m'arrête

je regarde, j'écoute

je me questionne

je revois dans ma tête, j'imagine

je décide, j'agis

L'attention : grille de compétences et d'activités

Objectifs	Activités cycle 1	Activités cycle 2	Activités cycle 3
Se projeter dans le futur	Deviner un objet, ce qu'on va faire	Jeux de rôle	Imaginer une suite d'opérations à effectuer en vue d'une tâche
Optimiser son état de réceptivité	Pratiquer la relaxation	Pratiquer la relaxation Jeux de défis	Pratiquer la relaxation Autoréguler son comportement Jeux de défis
Savoir sélectionner un centre d'intérêt	Réagir à un signal simple Jeux de réflexe avec différents supports (visuels, auditifs...)	Réagir à un signal sans tenir compte des interférences (Jacques a dit)	Réagir à un signal conditionnel
Planifier une action en démarquant les différentes opérations	Exécuter une consigne simple (écouter-attendre exécuter)	Traiter une suite de consignes	Traiter des consignes complexes multi-supports Connaître les articulateurs temporels et spatiaux

La perception

Ce qu'il faut savoir

La perception met en œuvre les organes des sens. **Nos récepteurs sensoriels ont pour mission de capter la plus grande quantité de signaux, de les coder en impulsions électriques pour les transmettre au cerveau.** À ce premier niveau de mémoire sensorielle, l'information est une sensation de courte durée (quelques fractions de secondes) que le cerveau va confronter à des expériences passées. Si le cerveau trouve une marque d'intérêt, de reconnaissance, s'il peut établir des associations avec les connaissances acquises, l'information est stockée dans la mémoire de travail en vue d'une exploitation à court terme. Dans la négative, les informations sont perdues et remplacées par d'autres.

Nous disposons d'au moins 7 entrées sensorielles pour mémoriser :

- les yeux (entrée visuelle),
- les oreilles (entrée auditive),
- le nez (entrée olfactive),
- la bouche (entrée gustative),
- la peau (entrée tactile),
- l'entrée kinesthésique (la sensation de mouvement),
- le cœur (entrée affective, on retient mieux ce que l'on aime).

Si ces sept entrées ont en commun leur grande volatilité et une capacité limitée à environ 7 éléments, la vitesse d'acquisition et la durée de stockage varie quelque peu. On pourra présenter 10 éléments (images ou mots) par seconde en visuel, deux mots ou lettres par seconde en auditif, par contre il faudra plusieurs secondes pour reconnaître un parfum (le temps que le nez ne contienne plus l'odeur précédente).
En contrepartie, la rétention sera plus courte en visuel que pour les autres sens.

En réalité nous méconnaissons nos possibilités de mémorisation par l'odorat, le goût ou le toucher. Nous sollicitons de manière privilégiée les entrées auditives et visuelles car les connaissances et les informations nous sont présentées le plus souvent par les moyens du langage et de l'image.

La perception est inconsciente et subjective

Les informations reçues par les organes sensoriels sont traitées de manière subjective dans un temps trop court pour que nous en ayons conscience.
De nombreuses expériences ont permis de constater que **la perception se modifie en fonction de nos besoins, de nos centres d'intérêts ou de nos motivations.** Notre cerveau limbique siège de l'affectivité agit comme un véritable filtre capable de bloquer toute perception liée à une expérience négative.
Ainsi, en classe, un élève en situation d'échec répété dans une discipline, créera inconsciemment un blocage perceptif à chaque nouveau cours. L'information ne passe plus, même au prix de fastidieuses répétitions. L'intervention la plus efficace consiste alors à travailler sur l'état de réceptivité, la motivation et les marqueurs affectifs (cf. chapitre sur l'attention).
La subjectivité de notre perception est également liée au contexte. L'environnement, la manière de présenter l'information peuvent fausser la perception.

Les illusions d'optique illustrent bien comment nos sens peuvent être induits en erreur (annexe 1).
Le cinéma et la publicité exploitent largement la subjectivité de nos perceptions. Ainsi deux informations juxtaposées (par exemple deux images ou une association son-image) vont interagir mutuellement pour créer un sens nouveau qui échappe souvent à notre objectivité.

Annexe 1

Illusions d'optique

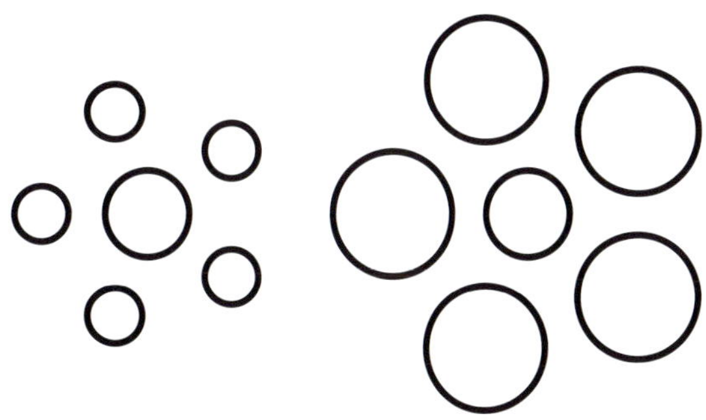

Les deux cercles centraux ont le même diamètre. Pourtant, celui de gauche paraît plus grand.

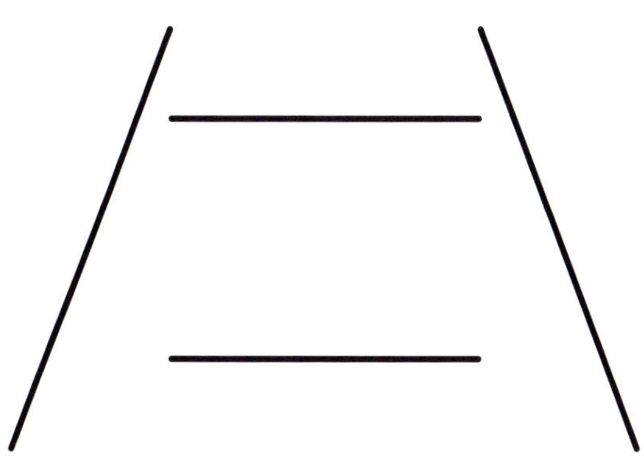

Les deux lignes horizontales sont de même longueur, mais la ligne supérieure semble plus longue.

La perception peut être stimulée, attentive ou active

Les sélections qui sont opérées au niveau de notre perception sont largement liées aux motivations, aux besoins, à l'attention portée à un sujet ou au contexte dans lequel s'insère l'action.
La perception peut être sollicitée ou orientée de manière intentionnelle. Nous nous mettons en situation d'attente, nous avons le projet d'observer, d'écouter, en fonction de la question qui nous intéresse. Ainsi, la sélection des informations ne s'opère plus sur des critères inconscients ou affectifs, mais sur des critères intentionnels que nous nous sommes donnés.

Des grilles de questionnement ou d'analyse peuvent ainsi permettre d'aborder efficacement différentes situations : qui, quoi, quand, où, comment, pourquoi.

La perception doit être suivie de représentations mentales

La représentation mentale peut être définie comme le prolongement en nous-mêmes de la perception, mais en l'absence de l'objet. Elle peut être imagée (visualisation mentale) ou verbale car liée à une reconnaissance lexicale. Les deux modes de représentation peuvent d'ailleurs être associés permettant de réaliser **un double codage imagé et verbal** favorisant par exemple la mémorisation des mots.
La représentation mentale doit être imagée et évocatrice. Il faut apprendre à fabriquer des images suffisamment fortes pour qu'elles se fixent facilement dans notre cerveau. Ces images devront être : concrètes, précises, pourvues de détails frappants ou amusants, personnalisées, colorées, en mouvement.

Annexe 2

L'œil n'est pas un appareil photographique

Nous ne pouvons visualiser en une fixation, à la manière d'un appareil photographique, une page de livre.
Seule la partie centrale de notre rétine (la fovéa) produit l'acuité nous permettant de distinguer nettement les mots. Or celle-ci couvre un champ de quelques degrés correspondant à la taille d'un mot.
C'est pourquoi notre œil effectue un véritable balayage de la page à raison de trois ou quatre prises par seconde. Il suffit de filmer ou d'observer l'œil d'une personne en train de lire pour révéler ces mouvements incessants de l'œil.
Le jeune enfant ne dispose pas encore de stratégies d'exploration efficace, les mouvements oculaires se font un peu au hasard. D'où l'intérêt de lui proposer des exercices de balayage visuel sur des surfaces quadrillées (et numérotées) que l'œil devra examiner.

Visuel ou auditif ?

De tous nos sens, c'est le sens visuel que nous utilisons le plus. Les orthophonistes observent que 96 % de leur clientèle, enfants ou adultes, sont plutôt visuels. Cette prédominance sensorielle correspond bien à l'évolution de notre société largement axée sur l'image. Or l'école privilégie encore fortement le canal auditif et devrait peut-être diversifier d'avantage les médias utilisés.

- **Le visuel** se donne les informations en images concrètes ou symboliques. **Il a une bonne perception de l'espace** et est capable de revoir un détail ou l'ensemble d'un lieu ou d'une scène. Il se voit agir ou reste spectateur. **Il est plutôt intuitif, analogique, global, sensible aux ressemblances, il a l'esprit de synthèse.**
- **L'auditif** mémorise l'information en se la racontant ou entendant dans sa tête la voix des autres. **Il est plutôt analytique, séquentiel, logique, linéaire, sensible aux différences, il a le sens de la chronologie.**

Dans la réalité, nous sommes tous plutôt mixtes et nous utilisons conjointement nos différents canaux. On constate d'ailleurs que le fait de fonctionner sur un seul canal peut constituer un handicap, notamment à l'école qui privilégie le canal auditif.

Ce qui prime en fait, au-delà du canal utilisé, c'est la faculté à fabriquer des représentations mentales imagées, lexicales et sémantiques.

Annexe 3

Connaître son profil sensoriel : visuel, auditif ou kinesthésique

Exemple de test (à partir de 7-8 ans)

Expliquer à l'élève : *« Écoute bien chaque question et les trois réponses possibles (A, B, C). Tu dois choisir celle qui correspond le mieux à ce que tu ferais. »*

1. Si je te dis « cascade », que se passe-t-il ?
A. Tu vois l'image d'une cascade.
B. Tu te vois en train de te promener près d'une cascade.
C. Tu entends le bruit de la cascade.

2. Quand tu as vu un film qui t'a plu :
A. Tu aimes bien revoir les images dans ta tête.
B. Tu mimes certains passages.
C. Tu aimes bien le raconter.

3. Quand tu lis, tu préfères :
A. Regarder d'abord les images et imaginer l'histoire.
B. Feuilleter le livre, le toucher.
C. Commencer tout de suite à lire.

4. Pour calculer 6 + 3 :
A. Tu vois l'opération dans ta tête.
B. Tu comptes sur les doigts.
C. Tu comptes à voix haute.

5. Pour apprendre une leçon :
A. Tu la lis.
B. Tu lis en marchant, en bougeant.
C. Tu la lis à voix haute.

6. En classe, tu comprends mieux :
A. À partir d'une image, d'un dessin ou d'un schéma.
B. Quand tu peux manipuler.
C. Quand tu entends une explication.

7. Pour retenir l'orthographe d'un mot :
A. Tu le vois dans la tête.
B. Tu l'écris.
C. Tu l'épelles.

8. Quand tu as vu le spectacle d'une chanson, tu retiens mieux :
A. La musique.
B. Les paroles.
C. Les danses, les gestes.

À l'issue du test, compter le nombre de A, de B, de C pour connaître le profil dominant de l'élève.

Si les A l'emportent, le profil est à dominante visuelle
- ses travaux sont propres et bien organisés,
- les images l'attirent,
- il visualise sans difficulté,
- il préfère les explications courtes et les schémas.

Si les B l'emportent, le profil est à dominante kinesthésique
- il est performant dans les activités physiques,
- il bouge beaucoup,
- il a besoin de manipuler,
- il se fie à son intuition et a tendance à réagir émotivement.

Si les C l'emportent, le profil est à dominante auditive
- il possède un vocabulaire riche,
- il pose facilement des questions,
- il a tendance à chuchoter et à commenter les consignes,
- il retient bien les directives orales.

Pour développer les facultés perceptives

- **Entraîner l'élève à utiliser tous ses sens** et à développer son acuité perceptive en multipliant les jeux et les activités faisant appel à l'observation, la discrimination, le prélèvement d'indices.
- **Exercer ses capacités d'anticipation perceptive** en exploitant la prévisibilité, en apprenant à interpréter la macrostructure d'un document pour faciliter la prise d'indices…
- **Apprendre à fabriquer des représentations mentales** et à visualiser mentalement en sollicitant toutes ses mémoires sensorielles (visuelle, auditive, tactile, olfactive, kinesthésique…).
- **Se familiariser avec toutes les représentations imagées** : dessins, images, schémas, tableaux, échelles chronologiques, et tous les supports qui permettent de fournir une structure visuelle dans laquelle les éléments séparés forment un tout. S'exercer à utiliser des métaphores qui permettent de coder un contenu sous une forme analogique.

Conseils à l'enseignant pour faciliter la perception de l'élève

- Lors des cours, **varier et multiplier les modes de présentation**, orales, écrites, imagées…
- **Fractionner et simplifier l'information**, placer les informations importantes au début, prévoir des pauses, des silences pour favoriser l'évocation et la répétition mentale.
- **Être très attentif aux problèmes de vocabulaire.** Lorsque l'élève rencontre des mots qui ne font pas partie de sa bibliothèque lexicale, lecture, compréhension et mémorisation sont fortement ralentis et affaiblis.
- En présence de mots peu ou non connus, multiplier les présentations, imagées et verbales pour favoriser leur mémorisation (une illustration associée à la transcription du mot et à une explication verbale). Veiller également à présenter le mot dans des contextes différents.

Annexe 4

Test du bon œil

Des expériences ont prouvé que les choses vues par l'œil dominant sont mieux retenues. Pour mémoriser plus rapidement et plus efficacement, on a donc intérêt à bien regarder avec l'œil droit si c'est l'œil dominant et vice versa pour l'œil gauche dominant.

Voici un test pour découvrir l'œil dominant.
(Si vous avez des lunettes pour voir de loin, gardez-les). Prenez une baguette ou un crayon de couleur et, les deux yeux ouverts, tenez-le à bout de bras en l'alignant sur une ligne verticale tracée au tableau (dessin A).
Votre œil dominant est l'œil droit si en fermant l'œil droit vous avez l'impression que le crayon se déplace vers la droite (dessin B) et en fermant l'œil gauche le crayon ne se déplace pas.

Votre œil dominant est le gauche si le déplacement se produit en fermant l'œil gauche.

On ne demandera pas pour autant aux élèves de ne travailler qu'avec le bon œil, par contre, un enfant dont l'œil dominant est le gauche sera plus efficace s'il est placé à droite du tableau et inversement.

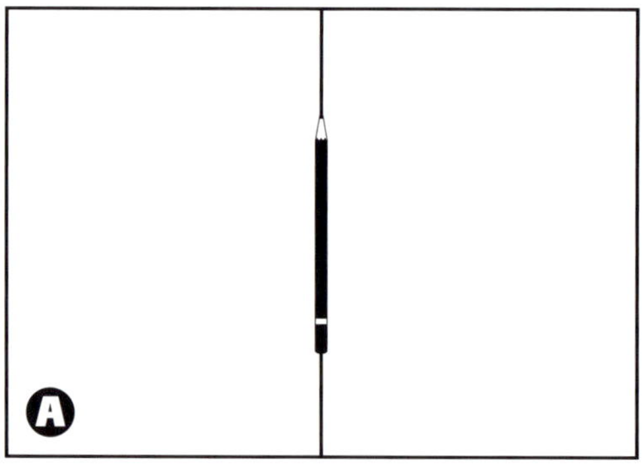

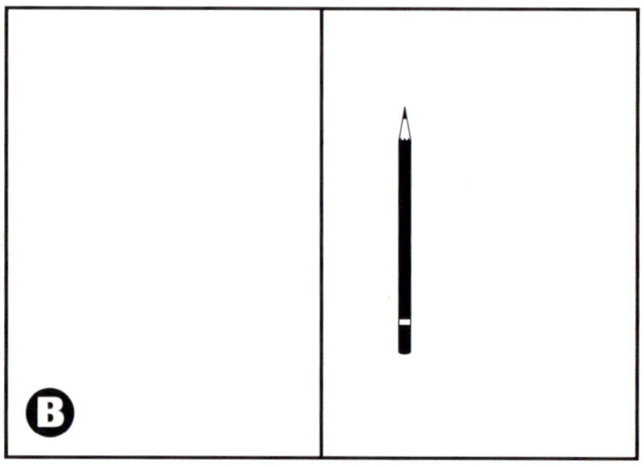

La perception : grille de compétences et d'activités

Objectifs	Activités cycle 1	Activités cycle 2	Activités cycle 3
Développer l'acuité sensorielle	Jeux de Kim Jeux de discrimination perceptive avec des critères simples	Jeux de Kim avec localisation et regroupement Jeux de discrimination perceptive avec critères multiples	Activités de perception en exploitant schémas, tableaux, documents complexes multisensoriels ou abstraits
Entraîner la perception active	Jeux de différences, similitudes, points communs, intrus…	Jeux de prise d'indices : anomalies, erreurs Analyser une info en établissant une carte d'identité	Analyser une info à travers une grille de questionnement Travailler sur les macrostructures pour prélever des indices
Exercer l'anticipation perceptive	Deviner un détail à partir d'un ensemble Deviner un ensemble à partir d'un détail Trouver une suite ou un élément manquant dans une chronologie	Interpréter un contexte en trouvant l'élément manquant dans un document	Trouver la question induite par un énoncé Générer des hypothèses
Créer des représentations mentales	Jeu du qui est-ce ? Suites d'images à mémoriser Parcours mental dans une image, un lieu	Jeu du portrait robot Jeu des familles (catégorisation et représentations multiples d'un même objet) Activités de double codage : imagé et verbal	Activités de transposition et de reformulation (verbale/imagée/schématique…) Représentations mentales, verbales, symboliques, conceptuelles : créer un pictogramme, illustrer un concept… Voir, retourner, orienter une figure dans l'espace

La mémoire de travail ou mémoire à court terme

Ce qu'il faut savoir

Lors de la phase de perception notre cerveau a sélectionné certaines informations et les a acheminées par répétition mentale, par évocation dans la mémoire de travail en vue d'une exploitation à court terme, d'un traitement ou d'une synthèse.
Les signaux captés par nos récepteurs sensoriels passent alors d'une phase électrique à une phase chimique en progressant de neurone en neurone.

La mémoire de travail reçoit deux types d'information :

- une information qui vient de **l'environnement externe** (le texte lu, la consigne entendue, les documents vus...),
- une information qui provient de **la mémoire à long terme** (connaissances antérieures...).

La mémoire de travail se caractérise par **sa capacité limitée (7 éléments) et par sa volatilité,** la durée de rétention variant de quelques secondes à quelques minutes.

Comment ça fonctionne

La mémoire de travail fonctionne selon un processus à 4 temps :

- recevoir les renseignements issus de la mémoire sensorielle et les stocker temporairement,
- faire un rappel des connaissances antérieurs venant de la mémoire à long terme,
- opérer une synthèse des deux informations,
- exploiter immédiatement le résultat de cette synthèse ou l'acheminer vers la mémoire à long terme.

En fait, la mémoire de travail peut être comparée à la mémoire vive d'un ordinateur ou d'une calculette alors que la mémoire à long terme dont la capacité est extensible correspondrait plutôt à la mémoire de masse (disque dur).

L'empan mnésique

La mémoire de travail a une capacité limitée au nombre d'éléments que l'on peut enregistrer à l'occasion d'une seule présentation. **La quantité d'information susceptible d'être retenue constitue l'empan mnésique**. Cette capacité est en moyenne de sept cases ou unités d'information. Elle varie peu d'un individu à l'autre puisqu'elle oscille entre cinq et neuf éléments. Lorsque le nombre d'informations dépasse la capacité de l'empan on constate que ce sont les premiers et surtout les derniers éléments de la liste qui seront retenus.

COMMENT AUGMENTER LA TAILLE DE L'EMPAN MNÉSIQUE ?

La limite de la capacité de la mémoire à court terme peut être dépassée **en groupant les informations par paquets**. Ainsi dans un test de l'empan de mémoire des chiffres, il sera beaucoup plus facile de retenir 481 362 38 (3 éléments) ou 48 13 62 38 (4 éléments) que 4,8,1,3,6,2,3,8 (8 éléments).
Pour les mots, la démarche est la même : on peut effectuer des groupements par catégories sémantiques. On retiendra aussi bien 7 mots que 7 groupes de mots que 7 phrases. Cette capacité à l'organisation sémantique est cependant liée au degré de connaissances antérieures.

Annexe

Exemple d'utilisation des 7 cases de la mémoire de travail : mémorisation du mot pharmacie

- **une lettre par case :** les 7 cases ne suffisent pas

[P] [H] [A] [R] [M] [A] [C] I E
1 2 3 4 5 6 7 8 9

- **une syllabe par case :** 3 cases suffisent

[P H A R] [M A] [C I E]
1 2 3

- **un mot par case :** les autres cases peuvent être utilisées pour expliciter le sens, mémoriser l'orthographe, visualiser (4 cases sont utilisées pour toutes ces informations)

[P H A R M A C I E]
1 **le mot**

2 **élément visuel**

[P H A R M A] C I E N
[P H A R M A] C E U T I Q U E
[P H A R M A] C O P É E

3 **éléments lexicaux**

[P H] A R M A C I E
[P H] O T O G R A [P H] I E

4 **éléments phonétiques**

Comment utiliser la mémoire de travail

Nous utilisons notre mémoire de travail à tout moment.

Au quotidien :

- lorsque nous composons un numéro de téléphone cherché dans l'annuaire, nous le stockons dans notre mémoire de travail.
- lorsque nous demandons notre chemin à un passant, notre mémoire de travail fabrique des unités de sens avec chaque moment de l'explication, de sorte que « deuxième rue à droite », « 300 mètres après l'église » constituent chacun une unité d'information.

En classe, la mémoire de travail est au centre de nombreuses situations d'apprentissage.

- En calcul, dans les techniques opératoires, une bonne illustration de la mémoire de travail est la retenue. Elle est aussi fortement sollicitée dans les procédures de calcul mental. Pour calculer le double de 96, nous effectuons 90x2 = 180 que nous stockons temporairement, puis nous calculons 6x2 = 12, nous rappelons alors 180 pour faire la somme 180 +12 = 192.

- En lecture, pour comprendre une phrase, il faut stocker temporairement les premiers mots, effectuer plusieurs allers-retours pour rechercher le sens de certains mots en mémoire à long terme, et enfin effectuer la synthèse de tous les mots ou éléments de phrase stockés en mémoire de travail pour qu'il y ait compréhension de la phrase. Si, à la fin de la phrase, l'enfant a oublié le début, la synthèse est impossible et la compréhension mauvaise.

Par exemple, lorsqu'un enfant lit : « *Maman avait trouvé de très bons avocats que nous avons dégustés lors du déjeuner.* », c'est seulement à la fin de la phrase, grâce aux mots « dégusté » et « déjeuner » qu'il comprendra que le mot avocat désigne ici un fruit et non une personne. Mais il aura fallu que le mot avocat soit encore en mémoire de travail au moment de lire la fin de la phrase pour que cette mise en relation puisse se faire.

Pour exercer sa mémoire de travail

- **Accroître l'empan mnésique** en s'entraînant à effectuer des groupements, à organiser l'information.
- **Apprendre à reproduire et à transcrire** de manière différente l'information reçue.
- **Apprendre à conserver simultanément** en mémoire plusieurs données, pour les manipuler, les comparer, les confronter et les synthétiser.
- **Apprendre à effectuer des allers-retours** entre les données reçues de l'extérieur (ce qui est dans le livre, ce que dit l'enseignant) et celles déjà présentes dans le bagage de connaissances (mémoire à long terme).

Les conséquences pour l'enseignant

- **Partir de ce qui est connu** en introduisant une nouvelle leçon par un rappel des connaissances antérieures pour favoriser les allers-retours avec la mémoire longue.
- **Veiller à découper un cours en parties et sous parties bien organisées** pour faciliter le travail de mémorisation de l'élève.

Annexe

Mémoire de travail sur les nombres

Utilisez le calcul mental pour effectuer cette opération :

362+138 =...

Observez comment vous avez réalisé ce calcul.
Votre mémoire de travail a permis d'enregistrer des résultats intermédiaires ainsi que les retenues.

La mémoire de travail : grille de compétences et activités

Objectifs	Activités cycle 1	Activités cycle 2	Activités cycle 3
Développer l'empan mnésique	Balayage d'une file d'images (jeu de prélecture)	Chiffres et mots M.D.T. et copie : • augmenter l'espace-temps entre lecture et écriture • ajouter des éléments perturbateurs	Chiffres, mots, phrases Mémoriser la macrostructure d'un document (graphique ou sémantique)
Grouper et organiser l'information de façon économique	Jeux de classement (analogie, familles…) Groupement séquentiel (suite de gestes, actions successives dans un jeu ou une activité)	Activités de classement (critères logiques, analogiques, lexicaux…) Suite d'opérations, de procédures	Utilisation de mots-clés pour retenir une phrase ou une idée Groupement d'informations Mémoriser un mode d'emploi
Reproduire et transcrire l'information	Reproduire une figure avec des baguettes ou des pions - avec le modèle - modèle mémorisé	Dessiner des éléments ou un itinéraire sur un décor d'après une description et des consignes orales	Transcrire un itinéraire d'après une description orale Schématiser un texte Décrire une scène de mémoire
Confronter et comparer les informations	Jeux de localisation et de regroupement Intrus Mémory	Idem en adaptant les supports	Idem en adaptant les supports
Effectuer des allers-retours vers la mémoire longue	Retrouver un mot dans le corpus de comptines	Trouver un nom de… pour différentes lettres de l'alphabet (jeu du baccalauréat)	Intégrer une information nouvelle dans les connaissances antérieures : • régions/villes connues • dire si un nombre figure dans une table

La mémoire à long terme

Ce qu'il faut savoir

Par opposition à la mémoire de travail, la mémoire à long terme a théoriquement des capacités et des durées d'enregistrement illimitées. Elle contient tous nos souvenirs, nos expériences personnelles et l'ensemble de nos connaissances.

La mémoire à long terme ne serait pas une mémoire unique, mais plutôt un système de mémoires distinctes.

- **La mémoire épisodique** (ou autobiographique) contient tous nos souvenirs d'événements et d'expériences personnelles.
- **La mémoire procédurale** est associée aux savoir-faire. Elle contient toutes les procédures d'apprentissage acquises. La mise en œuvre d'une procédure suppose une condition qui va déclencher une séquence précise d'actions.
- **La mémoire sémantique** stocke la signification, le sens des mots, le signifié. C'est la mémoire des idées et des concepts. Leur élaboration va nécessiter tout un travail d'organisation, de catégorisation, de hiérarchisation, de synthèse et de structuration de l'information (voir plus loin le chapitre sur la structuration).
- **La mémoire lexicale** qui stocke la morphologie (mot dit), la graphie des mots (mot écrit).

Elle fonctionne en étroite corrélation avec la mémoire sémantique. Une seule unité lexicale pourra correspondre à plusieurs concepts sémantiques (par exemple le mot « timbre » pourra contenir plusieurs significations en mémoire sémantique : le timbre-poste, le timbre de la voix…). Inversement, à un seul sens d'un mot pourront correspondre plusieurs unités lexicales dans des langues différentes par exemple.

Comment ça fonctionne

Pour accéder au niveau de la mémoire à long terme, l'information devra être préparée et transformée par un processus mental précis qui lui donne une structure schématisée lui permettant de s'intégrer au réseau de connaissances déjà en place. Ce processus fait appel à différentes stratégies de traitement des données : **l'analyse, la structuration, l'association, la répétition, la confrontation, le codage.** Nous aborderons dans le détail ces différentes stratégies dans les prochains chapitres.
En fait, les informations ont d'autant plus de chances d'être mémorisées longuement qu'elles sont **analysées** sous toutes les coutures, sous différents angles puis répétées plusieurs fois. Les souvenirs sont d'autant plus tenaces qu'ils sont associés à **des émotions.** On se remémorera beaucoup plus facilement des événements associés à des moments de plaisir intense ou de pénible douleur.

À l'issue de ce traitement, **les informations analysées, sélectionnées, étiquetées et indexées sont organisées en réseau et stockées dans différentes zones du cerveau comme dans une bibliothèque.** C'est durant cette phase de traitement que se mettent en place **les indices de rappel** qui vont permettre la restitution ultérieure des informations (voir chapitre « Rappel et stratégies de récupération »).

Pour exploiter les possibilités de la mémoire à long terme

Une connaissance nouvelle sera plus facilement stockée en mémoire longue si l'élève met en œuvre quatre points-clés.

- **S'intéresser et se questionner** afin de favoriser une perception active (cf. chapitres sur l'attention et la perception). La durée du traitement que l'on voudra bien faire subir à l'information pour l'intégrer dépend aussi de l'intérêt qu'on lui porte.
- **Établir des relations.** Il faut que l'information parte de ce qu'on sait déjà pour pouvoir, par association, évoquer des éléments avec lesquels on établit un rapport, faire remonter en surface des images mentales à modifier, à confronter. C'est ainsi que les notions se précisent, se recouvrent et s'intègrent dans l'ensemble de nos connaissances.
- **Structurer la matière.** Étudier, c'est transformer, travailler l'information pour en percevoir la structure et la traduire en une représentation schématisée qui facilitera la mémorisation.
- **Répéter et réactiver l'information.** Quelle que soit la stratégie utilisée, il est nécessaire d'effectuer des réactivations et des répétitions périodiques. Pour être efficaces, ces répétitions devront se faire dans des contextes variés : rédaction de synthèses et de résumés, remaniement de notes, représentation graphique, discussion et confrontation, applications pratiques constituent d'excellents exercices de réactivation.

« *Bien mémoriser une information, c'est lui affecter un sens et l'insérer à l'intérieur d'un contexte significatif et hiérarchisé.* »

François Richaudeau

Les techniques d'association

Ce qu'il faut savoir

En reliant ou en associant les différentes informations, nous tissons un véritable réseau aux multiples connexions fournissant de nombreux indices qui facilitent le rappel en chaîne. Les associations assurent la maniabilité des connaissances en facilitant leur exploitation à n'importe quel moment, dans n'importe quelles circonstances.

On élabore des associations d'idées à partir de critères qui constituent des repères permettant d'organiser et de fixer l'information : la forme, la taille, la matière, le mouvement, l'emplacement, l'usage, la ressemblance, la différence sont des critères logiques et évidents.
On peut ainsi associer une paire de lunettes et une montre par le critère usage ou sémantique (on utilise les lunettes pour lire l'heure) mais aussi par le critère matière (verre et métal) ou par le critère forme.
Mais nous pouvons également créer **des associations artificielles** à partir de critères imaginatifs, phonétiques, irrationnels, affectifs, narratifs en créant des images originales entre les choses, ou en construisant des enchaînements à partir de scénarios imaginaires.
Cette technique fait alors appel en priorité à la visualisation et à notre imagination.

Comment faire de bonnes associations

Les images mentales créées lors de nos associations seront d'autant mieux retenues qu'elles seront **frappantes, animées, insolites et colorées.**
Il ne faut pas hésiter à jouer sur l'exagération, à doter nos images de détails amusants, à les mettre en mouvement, à rechercher ce qui frappera notre attention.
Cette faculté de visualisation mentale fait largement appel à notre créativité et se développe très vite lorsqu'on prend l'habitude de la solliciter fréquemment.
Il y a de multiples critères d'associations susceptibles de s'adapter à de nombreuses situations d'apprentissage.

LES ASSOCIATIONS PHONÉTIQUES

Les mots ou les expressions sont associés par leur sonorité, on peut jouer sur les **rimes** (pirate et cravate), **les rythmes ou les assonances.** Les techniques d'associations pourront être basées sur des analogies sonores et visuelles. Ainsi, pour mémoriser le nom d'une personne et son visage, on peut associer une caractéristique du visage à une composante phonétique de son nom, par exemple, *« Jacques Henrard a le cheveu rare ».*

LES ASSOCIATIONS SÉMANTIQUES

Elles peuvent être évidentes lorsqu'on associe des éléments à l'intérieur **d'une même thématique** (par exemple la valise, l'avion, la mer, la carte postale sont associés au thème du voyage).
On peut également effectuer des associations sémantiques artificielles en créant une phrase associant une liste d'éléments à retenir : « *Sur la Racine de La Bruyère, la Corneille Boileau de La Fontaine nommée Molière* » pour mémoriser les noms des six grands auteurs classiques.

LES ASSOCIATIONS VISUELLES

On joue ici sur **les ressemblances de forme, les points communs, les analogies de toutes sortes :** l'Italie et la forme d'une botte, visualiser un bouc lisant un livre (permet d'associer le mot anglais book qui veut dire livre) et d'une manière générale toutes les associations visuelles qui permettent d'enchaîner et de relier des informations entre elles.

LES ASSOCIATIONS NARRATIVES

Il est possible d'associer très simplement des éléments sans rapport apparent en les insérant dans un scénario ou une histoire. Pour mémoriser la finale en « *ie* » des trois mots « *scie, parapluie et pie* », on peut imaginer une pie en train de scier sous un parapluie.
On peut ainsi empiler à l'intérieur d'une même trame narrative de nombreux éléments. Cette technique est à privilégier avec de jeunes élèves car à la fois accessible et efficace, elle développe l'imagination et la créativité.

Annexe

La méthode des lieux est une technique d'association découverte au Ve siècle par un poète grec, Simonide.

Au cours d'un banquet, alors qu'il avait quitté la salle, le toit de la maison s'effondre tuant net tous les convives. On demande alors à Simonide, seul rescapé, d'identifier les corps des victimes d'après le souvenir qu'il garde de leur disposition autour de la table du banquet. S'étant acquitté de cette tâche, Simonide en déduit la première méthode de mémorisation : transformer en images ce que l'on veut apprendre et placer chaque image obtenue suivant une topographie particulière. Cette méthode de mémorisation dite « la méthode des lieux » a été pratiquement la seule utilisée jusqu'à la Renaissance.

Une méthode à redécouvrir en classe

Pour mémoriser par exemple la liste des mots prenant un « d » muet : bond, crapaud, nid, nœud, pied, canard, épinard, lézard, hasard, brouillard.

- **Recopier chaque mot** sur une grande étiquette ; placer de 5 à 10 étiquettes à des endroits précis de la classe (ex : la porte, les fenêtres, le tableau…).
- **Établir un itinéraire** qui passe par les différents endroits choisis où l'on marquera un arrêt pour associer le mot et l'endroit (par exemple, si l'on a placé au tableau l'étiquette « crapaud », on pourra imaginer un crapaud qui écrit au tableau).
- **Enlever les étiquettes** et se remémorer l'itinéraire avec, à chaque arrêt, le rappel de l'association établie.

Pour développer les capacités d'association

Il importe de faire découvrir et manipuler très tôt les techniques d'association et de mise en relation des données car elles sont essentielles pour faciliter le rappel en mémoire longue.
Concrètement, les activités pourront s'articuler autour de plusieurs axes.

Prendre conscience de l'efficacité des techniques d'association à travers des exercices et jeux simples :

- association de séries d'images et de mots (associations visuelles, sémantiques narratives),
- jeux d'empilage,
- techniques des lieux et des itinéraires.

Apprendre à faire de bonnes associations

- recherche de critères d'association,
- recherche de similitudes, de points communs, de différences, de contrastes,
- développer la créativité et l'imagination (pratique de la métaphore, associations artificielles…).

Apprendre à transposer les informations en passant d'un mode verbal à un mode visuel, d'une représentation spatiale à une représentation linéaire.

Développer la pratique des associations d'idées, de la symbolisation et de la conceptualisation permettant de mettre en réseau l'ensemble des connaissances. Apprendre à associer à chaque mot nouveau une ou plusieurs idées. Se demander en quoi cela ressemble à quelque chose de connu, de vu ou entendu.

Conséquences pour l'enseignant

Penser à pratiquer les présentations associées : associer une image, un plan, un graphique et un texte et inviter l'élève à les visualiser.
Faciliter la mise en réseau des connaissances en reliant toujours une notion nouvelle à des connaissances préexistantes, en la restituant par rapport au cours précédent afin d'éveiller un écho, une résonance chez l'élève. Si l'information ne trouve nulle part où s'accrocher, elle est perdue.
Plutôt que « *Est-ce que vous comprenez ?* », demander aux élèves « *Est-ce que cela vous fait penser à quelque chose que vous connaissez déjà ?* ».

> *Et si j'avais coutume d'examiner un visage par parties, le menton, le nez, les yeux, jamais je ne reconnaîtrais un visage… L'esprit d'ensemble, c'est l'esprit.*
>
> Alain

L'association : grille de compétences et d'activités

Objectifs	Activités cycle 1	Activités cycle 2	Activités cycle 3
Connaître et manipuler les différents critères d'association	Critères phonétiques, visuels, narratifs, sémantiques ou analogiques Objets ou images	Critères phonétiques, visuels, narratifs, sémantiques ou analogiques Images et listes de mots	Critères phonétiques, lexicaux, visuels, narratifs, sémantiques ou analogiques Documents variés Reproduire une figure abstraite par analogie
Apprendre à fabriquer et à utiliser des associations	Découverte du geste d'association : associer deux objets ou images (association visuelle ou narrative) Association image/lieu	Découverte et pratique du geste d'association : associer plusieurs éléments, images ou mots (associations visuelle, narrative, phonétique ou sémantique)	Associer et visualiser des suites de mots Associer plusieurs documents (carte, illustration, texte) Transposer un texte en une suite de dessins (ex : mode d'emploi)
Développer son imagination pour créer des associations efficaces	Jeux de transformation Découverte de la technique d'empilage	Visualiser ou décrire un mot inconnu ou un nom propre (analogies sonores, visuelles…) Pratique de la technique d'empilage	Transformations, caricatures, métaphores Associer un visage et un nom pour les mémoriser Pratique de la technique d'empilage
Pratiquer l'association d'idées, intégrer des connaissances dans un réseau	Jeux d'association d'idées (chaîne d'images) Relier des éléments par un fil conducteur (réel puis imaginaire ou narratif) Parcours dans une image	Jeux d'association d'idées (chaîne de mots) Relier des éléments par un fil conducteur (images, mots, phrases)	Jeux d'association d'idées (associer des mots imposés dans une phrase) Relier images, mots, concepts (élaboration de pictogrammes) Dresser un tableau récapitulatif

La structuration

Ce qu'il faut savoir

La structuration est l'aptitude à construire une structure à partir d'éléments individuels. Cette phase d'organisation et de classification est indispensable pour un bon stockage des informations dans la mémoire à long terme. **En effet, le cerveau enregistre mieux, retient plus longtemps et restitue plus fidèlement des informations structurées, c'est-à-dire analysées, classées, sélectionnées et indexées.**
Nous avons donc intérêt, chaque fois que cela est possible, à faire apparaître la structure du document au moment de la mémorisation. Cette structuration pourra être d'ordre **verbal, spatial, logique, rythmique** mais revêtir bien d'autres formes encore.

Comment structurer et organiser l'information

L'organisation des informations est un prérequis indispensable pour une gestion efficace de la mémoire. L'organisation est une chose très personnelle, ce qui semble organisé pour quelqu'un ne le sera pas forcément pour un autre. Il est donc important de prévoir des stratégies d'organisation qui tiennent compte de l'âge et du profil de l'élève.
L'approche de la forme et des structures nécessite cependant certaines capacités d'abstraction. C'est pourquoi les exercices seront introduits progressivement et adaptés au niveau des jeunes élèves au cycle 1.
Une première approche consiste à regrouper les unités d'information **à les classer et à les catégoriser** à partir de différents **critères visuels, logiques ou sémantiques.**
À travers les activités de structuration, l'enfant découvre les lois et les règles qui régissent les éléments et l'univers qui l'entourent.

La structuration rythmique

Un texte se retient mieux si sa lecture est rythmée. Ainsi, un poème en alexandrins, de par sa structure rythmique, sera plus facilement mémorisé qu'un texte en prose. On pourra également adapter à un air connu les textes ou les nombres que l'on veut mémoriser (cf. tables de multiplication).

> *Bien mémoriser*
> *une information,*
> *c'est lui donner une forme,*
> *une structure.*
>
> François Richaudeau

La structuration spatiale

Elle met en jeu la vue et l'espace qui inclut **les notions de forme, de surface, de volume, d'orientation ou de distance**. On pourra ainsi repérer les grandes structures de base : **la symétrie, la progression, l'alternance, la géométrie, mais aussi les analogies de forme.**
Pour retenir par exemple une figure complexe, on recherchera la ressemblance avec une forme connue. Ainsi les contours de la France seront reproduits facilement en partant d'un hexagone, ceux de la Grèce à partir d'une main à quatre doigts et ceux de l'Italie en imaginant une botte pointée vers la Sicile.

La structuration logique

Elle fait intervenir **la déduction, l'association d'arguments, la suite logique de faits qui établiront la cohérence d'une situation.** Dans le tableau de la page 32, la liste de nombres «5 1 8 4 11 7» répond à une suite logique (-4 suivi de +7).

La structuration sémantique

Découvrir **les relations entre les mots**, les regrouper en **catégories** autour d'une idée ou d'un concept, cela facilite l'apprentissage et la restitution. Ainsi dans l'exemple de la page 32, on opérera une classification en trois catégories : les fruits, les sports et la musique. En recherchant ce classement, nous avons effectué 50 % du travail de mémorisation.

Pour développer les capacités de structuration

Une mémoire efficace enregistre plus facilement des structures que des unités éparses d'information n'ayant pas de lien entre elles. Il importe donc d'enseigner à l'élève les moyens de créer des ensembles organisés de connaissances qui faciliteront la compréhension et donc le stockage et le rappel de celles-ci.

- **Apprendre à organiser, regrouper, classer** les données à mémoriser (prise de notes).
- **Savoir hiérarchiser les idées** dans un document en repérant les idées principales et les détails qui soutiennent ces dernières (annoter et présenter un cours, repérer les mots-clés, faire un résumé).
- **Savoir repérer des structures-types** sous-jacentes à un document (spatiales, logiques, sémantiques).
- **Savoir construire des représentations schématiques** (tableaux, arbres) et des diagrammes.

Conséquences pour l'enseignant

L'enseignant veillera dans ses cours à doser et réguler le taux d'information afin de faciliter l'organisation des données à mémoriser : fournir un plan de cours, une structure de classement (titres, intertitres), hiérarchiser les informations du général au particulier.

Annexe

- Le tableau A où la structure logique est évidente sera plus facile à mémoriser que le tableau B.

1 - 2 - 3 - 4 - 5	2 - 4 - 1 - 3 - 5
2 - 3 - 4 - 5 - 6	5 - 3 - 2 - 6 - 4
3 - 4 - 5 - 6 - 7	3 - 4 - 6 - 5 - 7
4 - 5 - 6 - 7 - 8	6 - 5 - 7 - 8 - 4

- Exercez-vous à rechercher la structure de chaque tableau puis reproduisez-les de mémoire.

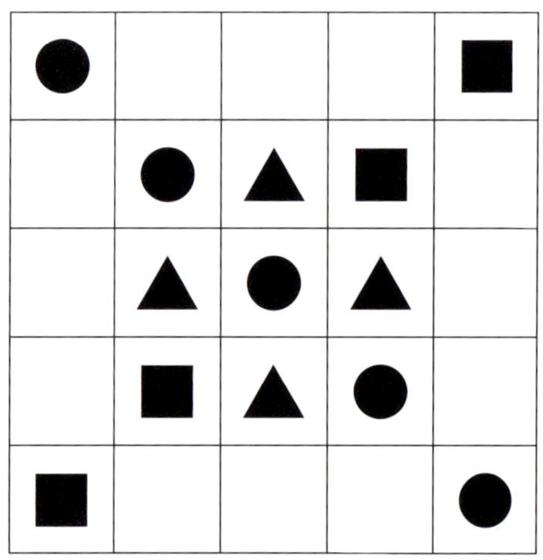

5	1	8	4	11	7
14	10	17	13	20	16

natation cerise piano
pamplemousse football
violon trompette orange
châtaigne athlétisme

La structuration : grille de compétences et d'activités

Objectifs	Activités cycle 1	Activités cycle 2	Activités cycle 3
Savoir repérer la structure d'un document	Structure spatiale, rythmique, logique, sémantique Organisation d'une image, suites logiques, listes	Structure spatiale, rythmique, logique, sémantique Organisation d'une image, de données numériques, de suites logiques, de données	Structure spatiale, rythmique, logique, sémantique Organisation d'un document, d'un tableau, d'une grille de données
Apprendre à organiser, hiérarchiser, regrouper, classer des données	Activités de classement et de rangement à partir de critères variés : analogies, catégories sémantiques, propriétés, chronologie…	Traitement de données à partir de structures-types : • spatiale (dessin ou plan) • logique ou numérique (suites) • chronologique (schéma) • sémantique (tableau, arbres)	Traitement de données à partir de structures : • spatiale (figure ou plan) • logique ou numérique • chronologique (schéma) • sémantique (macrostructure d'un document) Prise de notes, recherche de mots-clés, résumés
Savoir construire des représentations schématiques (tableaux, arbres, diagrammes, résumés)	Activités de classement et de rangement en exploitant et en mémorisant une structure simple (file, tableau)	Activités de classement et de rangement en choisissant des structures adaptées (schéma, tableau, arbre) Mémorisation d'une information structurée (utilisation de la structure comme indice de rappel)	Schématisation de données ou de textes : élaboration d'un plan, organigramme, schéma, résumé Mémorisation d'une information structurée (utilisation de la structure comme indice de rappel)

Le codage et la mnémotechnie

Ce qu'il faut savoir

La mnémotechnie est l'art de mémoriser par des moyens artificiels un maximum de connaissances avec un minimum de travail, de temps et de fatigue. Elle s'appuie sur différents principes : **renforcer et associer les perceptions, traduire sous forme codée les informations.**
Elle est tout particulièrement utile lorsque les connaissances ne sont pas liées par un ordre logique comme dans le cas de la mémorisation de nombres. Nous pouvons utiliser des techniques beaucoup plus puissantes qui, la plupart du temps, font appel à un codage où les nombres sont traduits d'abord en mots puis en images. Ainsi, les possibilités d'association deviennent à nouveau illimitées.
Un cas similaire se présente lorsque les données n'ont pas de lien entre elles et ne permettent pas la mise en relation ou les associations (noms propres, règle orthographique…). On peut alors créer un lien artificiel en intégrant ces données dans une phrase-clé où ces mots s'enchaînent (ex : un mille anglais équivaut à un ciseau neuf = un six 0 neuf = 1 609 m).

Les procédés mnémotechniques fournissent en fait surtout **des indices de récupération.** Leur utilisation reste restreinte et ce sont avant tout des petits trucs qui aident la mémoire mais ne sauraient remplacer les apprentissages.

Comment cela fonctionne

Tous les systèmes mnémotechniques sont basés sur le renforcement de perceptions, la création d'images, de sonorités ou rythmes ou de phrases-clés pour représenter ce qui est abstrait, sur des techniques d'association ingénieuse, sur des principes de réduction et d'abréviation et sur des codages pour traduire les informations.

LA MÉTHODE DES ACROSTICHES (OU DES INITIALES)

Pour retenir une suite de mots, on fabrique une phrase imagée ou un sigle.
Ex : ***Me** voilà **t**out **m**ouillé, **j**e **s**uis **u**n **n**avigateur **p**ressé* (pour retenir l'ordre des planètes du système solaire).
Ex : C.Q.F.D. (ce qu'il fallait démontrer).

LA MÉTHODE DES PREMIÈRES SYLLABES

Elle consiste à prendre les premières syllabes des mots à mémoriser pour constituer une phrase. On pourra ainsi retenir les grandes périodes de l'ère primaire (cambrien, silurien, dévonien, carbonifère, permien) grâce à la phrase « ***Cambr**onne **s'il eut** été **dévo**t, eut **carboni**sé son **pèr**e* ».

LA MÉTHODE DES PHRASES-CLÉS

On fabrique une phrase permettant de fixer les éléments à retenir. Ce procédé est encore plus efficace lorsqu'on fait inventer la phrase par les élèves.
« *Mourir avec un seul r car on ne meurt qu'une fois, nourrir avec deux r car on se nourrit plusieurs fois* ».

LA MÉTHODE DES RIMES

Même principe que précédemment en utilisant la rime et le rythme qui facilitent la mémorisation.
« *Le carré de l'hypoténuse*
Est égal si je ne m'abuse
À la somme des carrés
Des deux autres côtés ».

Annexe

Phrases mnémotechniques

- Pour retenir les conjonctions de coordination
  « Mais où est donc Ornicar ».
- L'orthographe d'un mot
  « Le chapeau de la cime est tombé dans l'abîme ».
- Les grands auteurs classiques
  « Une corneille perchée sur la racine d'une bruyère boit l'eau de la fontaine Molière ».
- Les formules du cercle
  « La circonférence du cercle est toute fière d'être égale à deux pierres carrées ($2 \pi R^2$) ».
- Les chefs-lieux et leur département
  « Ah, race d'avocats, pour vous, pas de cas laids »
  (Arras, chef-lieu du Pas-de-Calais),
  « Habille-toi, ma fille, il se fait tard »
  (Albe, chef-lieu du Tarn),
  « Quelle que soit la chaleur, on se sent encore aise si on est vêtu de tulle »
  (Tulle, chef-lieu de la Corrèze).

Les méthodes de codage mnémotechnique des nombres

• • •

SYSTÈME SYMBOLIQUE

Chaque chiffre est représenté par **un mot présentant une analogie visuelle ou sonore** (voir ci-contre).

Ainsi un cygne évoquera facilement la forme du chiffre 2.

Exemple d'utilisation : pour retenir dans l'ordre les villes les plus importantes de France, on imagine

- la Tour Eiffel surmontée d'une bougie (Paris),
- la canebière où nage un cygne (Marseille),
- un lion avec un trident (Lyon)…

SYSTÈME NUMÉRIQUE-LITTÉRAL

Le principe est de représenter **les chiffres par le nombre de lettres d'un mot.** Chaque nombre pourra être ainsi traduit en une phrase facile à retenir.

Par exemple, pour retenir la date de 1815 (Waterloo), on pourra écrire : *l'empereur a perdu*

1 8 1 5

Une application fort connue de cette technique est l'écriture du nombre pi sous la forme d'alexandrins.

Que j'aime à faire apprendre un nombre utile aux sages
3 1 4 1 5 9 2 6 5 3 5

Immortel Archimède, artiste, ingénieur
8 9 7 9

Qui de ton jugement peut priser la valeur
3 2 3 8 4 6 2 6

Pour moi, ton problème eut de féconds avantages
4 3 3 8 3 2 7 9

Annexe

La mnémotechnie et ses codes

Le système symbolique sonore
On recherche une analogie sonore à l'aide de rimes ou d'assonances entres les chiffres et les mots.

1	**nez**	
2	**yeux**	
3	**doigts**	
4	**pattes**	
5	**francs**	
6	**cerises**	
7	**chaussettes**	
8	**truites**	
9	**œufs**	
0	**orange**	

Le système symbolique visuel :
Chaque chiffre est remplacé par un mot dont la forme présente une analogie avec celle du chiffre.

1		**(bougie)**
2		**(cygne)**
3		**(trident)**
4		**(table)**
5		**(main)**
6		**(pipe)**
7		**(chaussette)**
8		**(lunettes)**
9		**(loupe)**
0		**(orange)**

La mnémotechnie : grille de compétences et d'activités

Objectifs	Activités cycle 1	Activités cycle 2	Activités cycle 3
Savoir décrypter un code	Pictogrammes Rébus	Jeux de codages (lettres-signes) Rébus	Jeux de codage (lettres-signes et lettres-nombres) Morse
Savoir utiliser des méthodes basées sur la réduction ou l'abréviation	Jeux autour des initiales	Initiales Acrostiches Phrases-clés	Connaissance et utilisation des initiales et abréviations usuelles Application : prise de notes Méthode des phrases-clés Méthode des rimes
Savoir utiliser des méthodes de codage des nombres	Système symbolique sonore Mémory-nombre	Système symbolique visuel et sonore de codage des nombres Mémory-nombre	Méthode de codage des nombres : système numérique-littéral systèmes symboliques

La répétition

Ce qu'il faut savoir

La répétition est certainement l'une des techniques de mémorisation les plus connues. Le petit enfant la pratique dès son plus jeune âge lorsqu'il apprend à parler en répétant les mots qu'il entend. Mais elle est également très prisée par les publicitaires ainsi que dans la propagande politique et dans toutes les situations où l'on recherche la persuasion.

Nous pratiquons fréquemment cette technique dans notre vie quotidienne : lorsque nous composons un numéro de téléphone que nous avons recherché dans l'annuaire, nous le répétons à mi-voix pour ne pas l'oublier. De même lorsque nous faisons les courses, pour retenir la liste de commissions, nous la répétons tout au long du chemin.

Répétition et vocalisation

Cette forme de lecture à mi-voix lors de situations de mémorisation est très fréquente chez nos élèves. Aujourd'hui, la tendance est plutôt de privilégier l'intériorisation du mot par rapport à sa vocalisation.
Les recherches montrent cependant que cette forme **d'auto-répétition orale** est très utile et supplée la volatilité de notre mémoire sensorielle.

Comment ça fonctionne

La répétition est à la base de **la mémoire procédurale** qui concerne les habiletés ou **aptitudes sensori-motrices** acquises par apprentissage (apprendre à rouler en vélo…).
Elle joue également un rôle important au niveau de la mémoire à long terme en consolidant l'implantation des connaissances par le biais des réactivations. Selon la difficulté de la matière, **quatre à six révisions sont nécessaires pour graver les connaissances dans la mémoire longue.** Sans ces phases de réactivation, la mémoire ne peut jouer son rôle. Ce travail de révision ne doit cependant pas décourager l'élève car au fur et à mesure des réactivations l'information se fixe plus rapidement. Ces révisions prendront progressivement de moins en moins de temps.

La répétition reste une technique indispensable

Aujourd'hui, les techniques de répétition sont un peu moins prisées. Il est vrai que dans beaucoup de cas cette technique s'avère peu efficace en comparaison d'autres méthodes mnémotechniques plus globales qui mettent en œuvre la mémoire des idées, des images, des enchaînements abordés dans d'autres chapitres.
Mais pour les jeunes enfants, **la répétition a l'avantage d'exiger une attention moins soutenue** que certaines méthodes nécessitant des facultés de conceptualisation et d'esprit de synthèse que ne possède pas le jeune élève.

Combiner répétition et évocation

L'efficacité des techniques basées sur la répétition sera grandement améliorée par l'autosuggestion. Avant de commencer à apprendre, demander à l'élève de **se projeter dans l'avenir** en se voyant en train de réciter son texte dans un contexte de réussite. Cette pratique de l'évocation contribue fortement à la motivation en donnant à l'enfant un projet et un objectif qu'il se voit capable d'atteindre.

Répéter mais en transformant

Les techniques de répétition mal utilisées ont l'inconvénient de la monotonie, ce qui a pour effet de démotiver rapidement l'élève. Aussi est-il important de **varier les modes de présentation** et de bien doser le découpage et la progressivité de la mémorisation. Pour ce faire, utiliser des répétiteurs, des grilles avec de moins en moins d'indices de rappel, des caches, varier les approches : lire, se faire lire, copier, s'autocontrôler pour suivre ses progrès. Et rien n'empêche de **combiner la répétition et les autres techniques de mémorisation** (schémas, associations, trucs mnémotechniques) afin que l'apprentissage par cœur ne soit pas un apprentissage « perroquet » mais un apprentissage organisé.

Pratiquer la répétition active

Alain Lieury a bien montré l'importance d'un apprentissage **multi-épisodique** où les connaissances sont traitées à travers des présentations et des contextes variés. Le jeu est tout particulièrement un exellent outil répétiteur.

> « *La mémoire est le retour régulier d'une connexion qui a été à l'origine, arbitraire…* »
>
> Paul Valéry

Pour bien utiliser la répétition

Pour rendre la répétition opératoire, il est judicieux de sensibiliser les élèves aux spécificités de ce traitement.

- **Réactiver l'information en espaçant progressivement les révisions** (4 révisions peuvent être proposées : dans l'heure qui suit, à la fin de la journée, au bout d'une semaine, après un mois pour garantir l'installation définitive dans la mémoire longue). Un planning hebdomadaire ou mensuel pourra être établi en commun.
- **Apprendre à pratiquer la répétition avec variations** en multipliant les approches et les présentations.
- **Savoir programmer et découper en unités d'apprentissage les connaissances** (dans le cas d'un apprentissage par cœur) en dosant la quantité d'informations à mémoriser. Pour un rappel à long terme, il vaut mieux se limiter et réviser plus souvent.
- **Utiliser des outils fournissant des indices de rappel** pour offrir des points d'appui à la mémoire (grilles de rappel).
- **Apprendre à s'autocontrôler** lors des différentes étapes de l'apprentissage.

Conséquences pour l'enseignant

Il revient également à l'enseignant d'user de la répétition de manière efficace.

- Plutôt que de **répéter à l'identique** une explication, présenter la notion **sous des angles différents** et à partir de situations et de contextes d'apprentissages variés : cours du professeur, recherche documentaire, réalisation de dossiers, extrait de film…
- prévoir systématiquement des moments de réactivation des notions de base.

Mémo

Lorsque j'apprends par cœur :

- Je découpe le texte en unités de sens et j'avance par étapes.
- J'utilise tous les sens :
  - je lis silencieusement
  - je lis à voix haute
  - je me fais lire le texte
  - je réécris et je compare.
- Je place des indices de rappel.
- J'alterne moments de concentration et pauses.
- Je contrôle au fur et à mesure.

La répétition : grille de compétences et d'activités

Objectifs	Activités cycle 1	Activités cycle 2	Activités cycle 3
Répéter en vue d'un apprentissage	Activités de coordination Activités sensori-motrices (savoir faire les lacets, un nœud, un pliage, un mouvement, un jonglage...)	Activités de coordination Activités sensori-motrices (savoir faire un nœud, un pliage, un mouvement, un jonglage, des gestes sportifs...)	Activités de coordination Activités sensori-motrices (savoir faire un tour, un montage, un geste technique ou sportif, un jonglage...)
Savoir découper et organiser les données	Apprentissage d'une comptine en plusieurs étapes	Apprendre une poésie par étapes Apprendre l'orthographe d'un mot, les tables	Apprendre une poésie, un texte par étapes Apprendre l'orthographe d'un mot, les tables
Savoir réviser en transformant et en multipliant les approches	Transpositions visuelles, auditives, motrices (observer, écouter, vivre, mimer, dessiner, jouer avec les sons, chanter...) Mémoriser une comptine en multipliant les approches (visuelle, auditive, kinésthésique)	Savoir utiliser des outils répétiteurs (grilles, textes à trous, caches) Transformer la matière (dessiner, réécrire, schématiser, alterner travail avec et sans le support...)	Savoir utiliser des outils des répétiteurs (grilles, textes à trous, caches, mots-clés) Transformer la matière (dessiner, réécrire, schématiser, alterner travail avec et sans le support...) Réaliser des cartes mémento
Savoir planifier les périodes de révision	Utiliser un emploi du temps	Utiliser un planning de révisions S'autocontrôler	Élaborer un planning de révisions S'autocontrôler

La concentration

Ce qu'il faut savoir

La concentration fait appel à notre volonté pour éviter les distractions et nous permettre de **fixer ou de retrouver** une information dans notre mémoire.

Ne confondons pas attention et concentration.

Lorsque nous sommes attentifs, nous sommes dans un état d'attente, de grande réceptivité, ouverts à toute information et prêts à mettre en œuvre nos sens. L'attention favorise ainsi la perception et l'acquisition de l'information.

Lorsque nous nous concentrons sur quelque chose, nous devons faire en sorte d'ignorer tout le reste pour **nous focaliser sur une tâche,** pour faire apparaître un aspect, un détail ou une structure avec le maximum d'intensité et de durée. La concentration joue ainsi un rôle important dans la phase de traitement et de rappel du processus de mémorisation.

Comment ça fonctionne

La concentration permet à l'élève de se centrer dans la durée sur une tâche précise à accomplir jusqu'à ce qu'elle soit terminée. Cela nécessite de posséder les modes d'emploi permettant de bloquer tous les stimuli qui distraient et de contrôler la gestion de son activité. Le pouvoir de concentration pourra être favorisé en jouant sur le contexte, en proposant un endroit calme, en apprenant à réfléchir les yeux fermés. Il pourra être **entraîné par des jeux de coordination, de dissociation, de dénombrement, de repérage ou de focalisation.**
La concentration intervient à la fois au niveau de la mémoire à long terme et dans le processus de rappel.

Se concentrer pour fixer ou traiter une information

Lors du processus de traitement et de stockage dans la mémoire à long terme, la concentration permet de se fixer et de se focaliser sur l'information à mémoriser et sur la gestion du traitement à opérer : mise en place d'associations, mise en évidence de la structure, transformations, codage, répétition…
Ces tâches exigent un effort supplémentaire de notre cerveau et supposent de notre part une attitude active et volontaire.
Plus on se concentre sur une chose, plus la trace laissée dans notre mémoire sera importante.

« Se concentrer sur quelque chose, c'est oublier tout le reste pour faire ressortir un aspect ou un détail avec le plus d'intensité possible. »

Alain Richaudeau

Se concentrer pour retrouver une information

La concentration joue ici un rôle de focalisateur pour nous aider **à retrouver le chemin qui mène à l'information** préalablement fixée en mémoire. Nous procédons alors par **élimination** ou par **énumération** en recherchant **l'indice évocateur** qui nous mettra sur le chemin de l'information.

Lorsque nous n'arrivons pas à retrouver le renseignement cherché, nous sommes amenés à fournir un effort de concentration en nous focalisant sur ce que nous cherchons.
Le problème est que nous ne savons pas précisément sur quoi nous concentrer puisque l'information est bloquée en mémoire.
Il nous faut donc trouver un indice qui nous indiquera le point sur lequel nous devons nous concentrer, nous ouvrant ainsi le « chemin » vers la réponse cherchée.
La meilleure façon est de procéder par élimination en énumérant une liste d'éléments jusqu'à ce qu'un déclic se produise. Cette énumération devra respecter un ordre logique, par exemple l'ordre alphabétique.

Le rappel

Ce qu'il faut savoir

Le rappel est l'opération par laquelle la mémoire à long terme ramène dans le champ de la conscience les images, les perceptions et les idées qu'elle a conservées.

Toutes les informations stockées en mémoire ne sont pas forcément disponibles, il nous manque parfois le chemin d'accès pour y parvenir. C'est la situation classique du mot sur la langue.

La restitution dépend des outils que nous avons employés au moment de l'enregistrement et de ceux auxquels nous aurons recours pour les retrouver. La stratégie employée repose sur deux techniques.

- Prévoir les **chemins d'accès** à l'information en l'organisant et en créant des liens signifiants afin de construire un véritable réseau entre les connaissances. Cette organisation repose sur les techniques de traitement déjà présentées visant à hiérarchiser, comparer, établir des relations, schématiser et synthétiser les données.
- Baliser ce chemin d'accès par des **indices de rappel** qui permettent de retrouver l'accès à la réponse cherchée et facilitent la récupération de l'information. On distingue plusieurs types d'indices : les plus fréquemment utilisés sont les indices lexicaux, phonétiques, sémantiques, personnalisés.

L'organisation des indices constitue ce qu'on appelle des **plans de récupération.** Les procédés mnémotechniques reposent souvent sur une organisation ingénieuse d'indices.

Comment ça fonctionne

En situation **de rappel libre,** c'est-à-dire **sans indice pour aider le rappel,** la performance est en général assez faible : les informations restent inaccessibles, alors qu'elles résident bien dans la mémoire à long terme. En fait, notre mémoire fonctionne comme une vaste **bibliothèque.** De même que les livres sont associés à une référence qui sert d'adresse de rangement, nos souvenirs sont munis d'indices pour les retrouver : ce sont **les indices de rappel.** Pour être efficaces, il faut qu'ils soient mis en relation avec l'information à retrouver au moment de la mémorisation.

Les indices lexicaux

L'abréviation est un indice lexical qui évoque un mot entier. Elle peut être conventionnelle (sténographie, symboles chimiques, abréviations grammaticales, initiales) mais il peut être intéressant de créer soi-même ses propres abréviations pour la prise de note par exemple.

Les indices phonétiques

Les initiales, sous la forme de lettres ou de syllabes où les rimes peuvent constituer des indices de rappel intéressants. Elles offrent un mode de recherche systématique. Par exemple pour retrouver le nom d'un personnage célèbre, on peut effectuer la recherche en procédant lettre par lettre dans l'ordre alphabétique (ou par syllabe) jusqu'à ce que cet indice évoque le nom cherché (voir annexe p 46).

Les indices sémantiques

Ils sont liés directement au traitement sémantique que nous avons effectué. Les indices peuvent être liés à la signification du mot (synonyme, définition, propriétés, contexte) mais aussi à la catégorisation et à la hiérarchisation des connaissances associées. On élabore ainsi des concepts généraux sous des formes thématiques (titre, catégorie), schématiques ou arborescentes.

Les indices personnalisés

Ils sont liés à notre **mémoire épisodique.** Chacun de nous possède dans sa mémoire de nombreux épisodes correspondant à un événement ou une expérience. Il suffit bien souvent de se rappeler le moment ou le contexte pour être capable de se remémorer tous les événements associés. Une photo constitue par exemple un formidable indice de rappel permettant de nous remémorer tous les événements, les noms des personnages et des lieux qui y sont rattachés.

Les plans de récupération

En organisant et en reliant les indices de rappel nous pouvons aller encore plus loin dans nos capacités de récupération des informations.
Nous constituons ainsi des **plans de récupération** en mettant en œuvre différentes techniques.

- **La phrase-clé** basée sur des indices phonétiques est très prisée dans la mnémotechnie. Par exemple « *Mais où est donc Ornicar* » pour mémoriser les conjonctions de coordination.
- **La méthode des lieux** associe terme à terme une suite d'emplacements ou un itinéraire à une série de noms que l'on souhaite retenir.

Les plans de récupération qui relient des indices sémantiques sont les plus fréquemment utilisés. Ils permettent de d'organiser et de synthétiser l'information en **idées principales ou en concepts** et font émerger la structure et l'articulation de celles-ci.

- **La méthode des mots-clés,** pour retenir l'essentiel d'un texte ou effectuer une prise de note efficace. Elle peut être renforcée par une schématisation ou un diagramme pour mettre en valeur la hiérarchisation des idées.
- **Le résumé** nécessite quant à lui une reformulation de l'information sous la forme d'un nouveau texte mettant en valeur les idées principales et les mots clés.
- **Le système QQQOCPP** permet de structurer les idées en s'appuyant sur un fil conducteur basé sur 7 questions : **Qui ?** (le sujet), **Quoi ?** (l'action), **Quand ?** (le moment), **Où ?** (le lieu), **Comment ?** (la manière), **Pourquoi ?** (la cause), **Pour quoi ?** (le dessein).

Pour mettre en œuvre les techniques de rappel

Durant le cours

- **Faire émerger les mots-clés et les idées principales** en les mettant en scène dans des contextes variés.
- **Matérialiser l'articulation et l'organisation des idées** à travers un plan ou des supports visuels.
- **Valoriser dans l'apprentissage des élèves la construction de schémas** en les utilisant pour étayer son cours pour faire émerger les mots-clés et les idées principales afin d'amener les élèves à les utiliser comme plan de récupération.

Au niveau de l'acquisition des savoir-faire

- **Apprendre à organiser l'information :** hiérarchiser, établir des relations, schématiser, synthétiser, généraliser.
- **Apprendre à mettre en relief les mots-clés** et s'entraîner à la prise de notes.
- **Apprendre à utiliser les abréviations et les notations symboliques.**
- **S'entraîner à utiliser et à élaborer des plans de rappel :** schémas arborescents ou heuristiques, résumés à partir de la méthode du questionnement QQQOCPP.

Au niveau de l'évaluation

Privilégier l'évaluation basée sur le rappel indicé et la reconnaissance.

- **Les tests de reconnaissance** sont basés sur l'identification d'une réponse noyée au milieu de réponses pièges (questions à choix multiples). Ce mode d'évaluation est simple, efficace tout particulièrement pour une évaluation formative ou pour valoriser un élève en situation d'échec. Il permettra notamment de détecter les points qui n'ont pas été acquis ou compris, souvent liés à des problèmes de vocabulaire.
- **Le rappel indicé** correspond à des batteries de questions-réponses où les questions jouent le rôle d'indices. On peut aussi proposer une carte muette à légender ou une photo comme indice de rappel.
- **Le rappel libre** où l'on ne fournit aucun indice de récupération est le plus difficile car on ne fournit aucun point d'appui ou indice à la mémoire (sujet de dissertation, ou d'interrogation écrite). Il permet de tester le niveau d'organisation des connaissances et nécessite la mise en place d'un plan de rappel. C'est un mode d'évaluation qui devrait être utilisé dans un deuxième temps du processus d'apprentissage avec des élèves capables d'accéder à des processus de généralisation et de conceptualisation.

Annexe

Exemple de technique de rappel par indices phonétiques

Vous recherchez le nom d'un peintre moderne.
Son nom vous échappe mais vous savez qu'il ressemble à quelque chose de connu.

Procédons à une première élimination.

- A : américain, non cela n'évoque rien, Amsterdam, non plus.
- B : Bretagne, non, bateau, non plus…
- F : Forme, non, fleur peut-être.

Nous procédons à une deuxième énumération à partir du thème fleur.

- A : azalée, non.
- B : bleuet, non.
- C : coquelicot, non…
- M : marguerite, le déclic se produit : la ressemblance avec le nom recherché est forte. La réponse vous revient très vite : Magritte.

« *Une image vaut mille mots.* »

Proverbe anglo-saxon

Le rappel : grille de compétences et activités

Objectifs	Activités cycle 1	Activités cycle 2	Activités cycle 3
Manipuler les indices de rappel	Indices phonétiques, visuels, lexicaux, sémantiques Dessins à retrouver, comptines ou poèmes à continuer Recherche d'histoires ou de comptines à partir d'un indice	Indices phonétiques, visuels, lexicaux, sémantiques Jeux de rimes Utilisation des initiales et de l'alphabet Jeu du baccalauréat Recherche de poésies, d'informations à partir d'un indice	Indices phonétiques, visuels, lexicaux, sémantiques Jeux de rimes Utilisation des initiales, des abréviations et des mots-clés Jeu du baccalauréat Recherche d'informations à partir d'un indice
Être capable de se concentrer pour traiter ou retrouver une information	Exercices de coordination Retrouver un détail dans un dessin Reproduire une image, un geste, un déplacement Dessin aveugle	Exercices de coordination et de dissociation Jeux de dénombrement Compter à l'envers Visualiser un déplacement Épeler un mot	Exercices de coordination et de dissociation Jeux de dénombrement Compter à l'envers Voir dans l'espace Deviner la partie cachée d'une figure
Mettre en place un plan de rappel	Parcours de rappel (méthode des lieux) Utilisation de grilles de rappel (avec dessins) Mémorisation de comptines, d'histoires	Phrases-clés à inventer ou à retenir Visualiser une chronologie, des schémas simples Utiliser des pictogrammes	Phrases-clés à inventer ou à retenir Savoir schématiser et structurer une information de l'idée principale au détail Savoir résumer un document
Organiser des réactivations périodiques	Tests de reconnaissance Réactivations périodiques à partir d'indices de rappel simples	Tests de reconnaissance Réactivations périodiques à partir d'indices de rappel simples Rappel libre	Tests de reconnaissance Réactivations périodiques à partir d'indices de rappel simples Rappel libre Autoévaluation

Bibliographie

Gym Cerveau
Monique Le Poncin - Éditions Stock

Mémoire et réussite scolaire
Alain Lieury - Éditions Dunod

La mémoire de l'élève en 50 questions
Alain Lieury - Éditions Dunod

Savoir maîtriser sa mémoire
Sylvie Lair - Éditions Retz

Le syndrome de l'écureuil
Robert Gobert - Éditions Erasme (Belgique)

La mémoire en pleine forme
Jocelyne De Rotrou - Éditions Robert Laffont

Mémoriser l'orthographe des mots courants
Yves Martinez et Jean Fenech - Éditions Retz

Apprendre à sa façon
Martine Daudelin - Éditions Chenelière (Canada)*

Pour apprendre à mieux penser
Pierre Paul Gagné - Éditions Chenelière (Canada)*

Être attentif… une question de gestion
Pierre Paul Gagné - Éditions Chenelière (Canada)*

Apprendre à apprendre
Tom Barwood - Éditions Chenelière (Canada)*

* Diffusion France des Éditions Chenelière
chez PIROUETTE Éditions
7b rue des Artisans
67920 SUNDHOUSE
Tél. 03 88 57 09 04
www.pirouette-editions.fr

Compétence
Mémoire

activités
8 à 13 ans

Gérard Brasseur,
maître formateur

Caro,
illustratrice

ACCÈS Éditions

Important

Les corrigés de toutes les activités de ce dossier sont présentés directement sur le document de travail. Les avantages sont évidents pour l'enseignant : les réponses sont de suite visualisées. Le confort de lecture et de compréhension de l'activité sont appréciables. Le gain de temps est important.

Attention !

Les corrigés sont imprimés en couleur VERTE. Celle-ci est invisible sur une photocopie noir et blanc lorsque l'appareil est réglé en position automatique ou « texte seul ». Il convient donc d'éviter les tirages trop foncés ou en position « photo ».
Sur les copieurs-scanners personnels, il est nécessaire de régler la sensibilité au minimum afin que la couleur verte n'apparaisse pas.
Sur les copieurs couleurs, il est nécessaire de passer en mode « noir » et « texte ». Dans ce cas, la couleur verte n'apparaît pas.

Au cycle 3, l'acquisition de méthodes de mémorisation efficaces et l'entraînement systématique des capacités mémorielles sont à la base de tout apprentissage. Augmenter le niveau de compétence à cet égard donne confiance et aide l'élève à traiter l'information plus activement en la structurant et en créant des réseaux de connaissance.

Au fil des activités, l'élève va découvrir et mieux comprendre le fonctionnement de sa mémoire : acquisition, traitement et organisation du processus de rappel. Par l'entraînement et les exercices, il va acquérir progressivement les gestes mentaux efficaces lui permettant d'être attentif, de percevoir, d'organiser, d'anticiper, de structurer et d'associer les connaissances, de pratiquer la répétition active et l'apprentissage multi-épisodique, d'élaborer un plan de rappel…
Lors des différents jeux et exercices, observer l'élève et lui demander d'expliquer les gestes mentaux mis en œuvre (phase de verbalisation).

De nombreuses activités proposées dans ce dossier sont issues de situations empruntées à la vie quotidienne ou scolaire. Elles trouveront ici une finalité nouvelle en s'inscrivant dans les différents moments du processus de mémorisation.

Nos propositions pour le cycle 3

1. **Exercer et affiner les capacités perceptives,** gérer son attention, entraîner la perception active, les facultés d'anticipation et de représentation mentale.

2. **Entraîner et développer la mémoire de travail,** outil charnière essentiel dans de nombreux apprentissages (lecture, calcul, traitement de données…).

3. **Pratiquer les techniques de traitement, de stockage et de rappel** confrontation, organisation, association, structuration, codage, répétition active, mise en place d'un plan de rappel…

4. **Être capable de mettre en œuvre les stratégies adaptées à une situation donnée** : reproduire un schéma, retenir l'essentiel d'un texte, étudier un cours, mémoriser des données géographiques ou historiques, apprendre l'orthographe d'un mot, apprendre par cœur des poèmes…

Utiliser Compétence Mémoire

Cette partie pratique comprend trois types de documents :

- des fiches pédagogiques avec de nombreuses idées de jeux et d'activités, ainsi que leur mise en œuvre,
- F des fiches-élèves photocopiables avec des éléments de méthodologie, des activités et situations,
- C des cartes d'activités destinées à une utilisation collective.

L'enseignant pourra mettre en œuvre une progression chronologique axée sur les grandes étapes de la mémorisation puis revenir régulièrement, par le biais de situations vécues en classe, sur tel ou tel geste de mémorisation.

Il appartient à chaque enseignant d'adapter les activités en fonction de l'âge des élèves et de la composition du groupe.

Avant d'aborder une nouvelle étape, ne pas hésiter à relire les éléments théoriques exposés dans la première partie du dossier. Les différents éléments méthodologiques ou les mémos, très utiles pour l'élève, ne sont pas systématiquement repris dans cette partie pratique.

Activités liées à l'attention

Au cycle 3, les exercices d'attention ont pour but d'aider l'élève à gérer son état de réceptivité, sa motivation, sa capacité à se projeter dans le futur et à planifier les opérations successives pour effectuer une tâche.

L'élève qui gère son attention de façon efficace se met rapidement en mouvement sur le plan mental et traite l'information de manière dynamique.

Il met ainsi progressivement au point une suite de gestes mentaux lui permettant de solliciter ses sens, ses facultés d'analyse, de questionnement et de mobilisation des connaissances. Petit à petit, il apprendra à renforcer sa motivation à travers des projets ou des défis fixant un objectif à atteindre.

Le mémo ci-contre illustre un exemple de séquence d'actions pouvant être mis au point et utilisé par un élève dans de nombreuses situations faisant intervenir un geste d'attention.

Mémo

Lorsque je suis attentif

je m'arrête

je regarde, j'écoute

je me questionne

je revois dans ma tête, j'imagine

je décide, j'agis

1. Se projeter dans le futur

La mise en projet est l'un des moteurs essentiels de la motivation et de l'attention. L'enfant se met en mouvement, se projette dans le futur de l'objectif à atteindre.

Jeux de rôle et d'imitation

En classe, l'élève reste trop souvent spectateur passif. En lui donnant un rôle, nous l'impliquons totalement dans le projet.
N'hésitons pas à proposer de petits jeux de rôle où l'on se met dans la peau d'un savant, d'un détective, d'un historien, d'un comédien pour amener l'élève à s'impliquer davantage dans une activité scolaire.

2. Optimiser son état de réceptivité

De multiples facteurs contribuent à favoriser ou perturber l'état de réceptivité et la motivation de l'élève : contexte et environnement, moment de la journée, facteurs personnels, ambiance de la classe, pratique de la relaxation, activités variées, mais aussi tout ce qui éveille la curiosité et la stimulation.
C'est pourquoi la pédagogie par projet s'avère très stimulante pour l'attention de l'élève.

Fiche-élève 54 : Défis

Voici quatre projets mettant l'élève en situation de recherche. Le défi sollicite fortement l'intérêt, la créativité et la rigueur à la manière d'un concours. Les actions proposées peuvent avoir un caractère gratuit, sans lien apparent avec une discipline scolaire. Mais elles privilégient toujours la méthode, l'expérimentation et la confrontation.
Les activités de cette fiche pourront être menées en petits groupes pour favoriser la coopération ou l'émulation.

3. Savoir sélectionner

Le jeu « **Jacques a dit** » où l'enfant est amené à fournir une **attention active et sélective** illustre bien cette capacité. La réponse de l'enfant varie en fonction de la présence ou de l'absence d'un critère donné.

Jeux associant attention auditive, visuelle et activité motrice

Il existe de multiples variantes de situations où l'enfant doit réagir de manière conditionnelle à un signal sonore, visuel ou verbal en fournissant une réponse adaptée.

La difficulté de chaque exercice pourra être modulée en jouant sur différents paramètres : nombre d'éléments à traiter, ajout d'éléments perturbateurs, augmentation du différé de réponse.

4. Savoir traiter une suite de consignes

Dans ce type de situation, l'enfant est amené à effectuer des allers et retours entre la séquence de consignes et les actions à exécuter. L'élève est ainsi amené à planifier et démarquer les différentes actions selon des critères, logiques ou chronologiques. Lorsqu'une succession de consignes est fournie au départ, l'élève est amené à stocker un certain nombre d'informations dans sa mémoire de travail pour pouvoir les récupérer le moment venu.

Jeu « Écoute et dessine »

L'objectif est de reproduire par le dessin ce qui est décrit ou raconté.
Le dessin est décrit deux fois, lentement. On commencera avec un nombre limité d'éléments (4 ou 5). On pourra également fournir un élément de départ qui permettra d'orienter la feuille comme dans l'exemple ci-dessous.

Exemple de description :
« À gauche du chemin, il y a trois grands sapins. Devant les sapins se trouve un gros rocher. À droite du chemin, est située une cabane où tu vois une porte, une fenêtre et une cheminée qui dépasse du toit. Devant la cabane, sont étalées deux grosses bûches. Sur le chemin, se promène un écureuil ».
Après cette description orale, faire observer un temps de silence les yeux fermés, puis dessiner ce qui a été décrit.

De nombreuses variantes de ce jeu sont possibles : objets à prendre, à déplacer, à empiler, pions à placer sur une grille de 9 cases. Le jeu comporte alors une suite d'opérations à effectuer chronologiquement.

Fiche-élève 55 : traiter des consignes complexes

Il s'agit dans cette fiche de développer une stratégie de traitement des critères par l'élimination, l'organisation ou la schématisation.

1. Ma maison

Ici l'élève doit gérer simultanément 4 informations issues du texte (7 poires, 6 pommes, 10 fenêtres et 2 marches) et les confronter à 9 solutions possibles. Il peut donc procéder par élimination, critère par critère :

- éliminer 5 et 7 (une seule marche)
- éliminer 2, 3 et 6 (nombre de fenêtres)
- éliminer 1, 8 et 9 (nombre de pommes ou de poires)

Il reste donc la maison numéro 4.

2. Les quatre dessins

Même type de situation : on gère 3 informations écrites et 4 dessins. On peut également procéder par élimination et déduction.
Exemple : Arthur a dessiné quelque chose qui bouge et n'a pas dessiné d'animal. Il reste la voiture.

Fiche-élève 56 : traiter des consignes complexes

Même type de travail que dans la fiche 305.

1. Bataille navale

On gère ici des informations négatives ou positives permettant de repérer les lignes occupées par le bateau.

2. Portrait de groupe

Il s'agit de retrouver le nom des 7 enfants en croisant des indices écrits et visuels.
Le nombre de données à traiter étant plus important, on peut les schématiser dans un petit tableau à deux entrées.

	St	Qu	Ed	Hu	Yo	Jon	Ga
survêtement			x	x			x
cheveux frisés			x		x		
T shirt					x	x	
casquette		x					x
les plus grands	x	x					

Le tableau permet de retrouver facilement les enfants en commençant par ceux qui possèdent deux critères qui les différencient des autres (par exemple Gabriel a un survêtement et une casquette).

Objectif Se motiver, fixer un défi

Défi n° 1

Avec ces 15 dominos, réalise 3 rectangles comportant le même nombre de points. Les dominos n'ont pas besoin de se suivre.

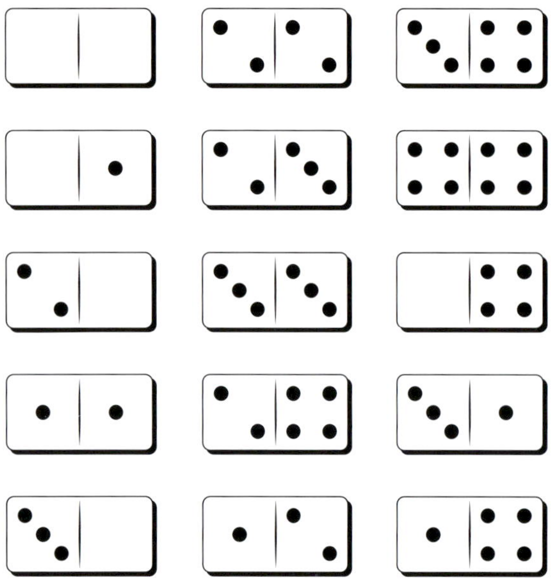

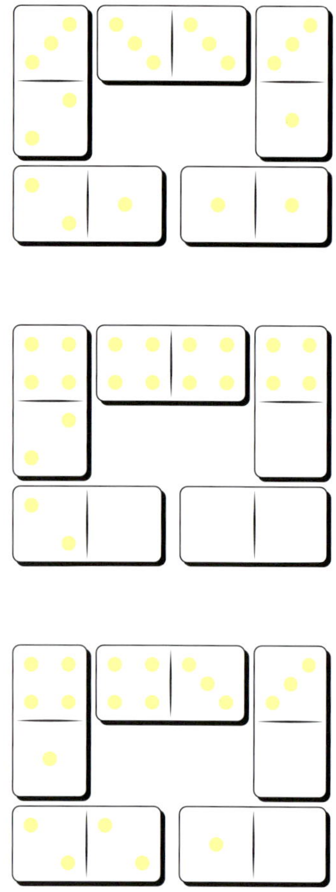

Défi n° 2

Avec 18 allumettes réalise ce pont !

Défi n° 3

Invente une phrase où les mots auront successivement comme initiale les 6 premières lettres de l'alphabet.

Ex : Alors Bernard captura deux énormes faisans.

Défi n° 4

Construis un appareil qui lance une boule de papier dans un couvercle situé à 1 mètre puis à 2 mètres. Réalise un plan de ton appareil.

Objectif Traiter des consignes complexes multisupports

1 - Ma maison

Ma maison est entourée de deux arbres qui portent l'un sept poires et l'autre six pommes. Elle a dix fenêtres et deux marches. Quelle est ma maison ?

1 2 3

4 5 6

7 8 9

2 - Les quatre dessins

Mélanie, Sophie, Arthur et Thibaud ont réalisé chacun un dessin.
Les garçons n'ont pas dessiné d'animal. Mélanie n'a pas dessiné de chat.
Arthur a dessiné quelque chose qui bouge.

Écris ce que chaque enfant a dessiné :

- Mélanie a dessiné : la vache
- Arthur a dessiné : la voiture
- Sophie a dessiné : le chat
- Thibaud a dessiné : la maison

Objectif Traiter des consignes complexes

1 - Bataille navale

Dans l'échiquier ci-contre, se cache un gros navire rectangulaire.

Extraits du dialogue :

« A2 ? ». « Rien ».

« A5 ? ». « Touché ! ».

« E1 ? ». « Rien ».

« G3 ? ». « Touché ! ».

« F6 ? ». « Rien ».

« H3 ? ». « Rien ».

Représente le navire caché.

8								
7								
6								
5								
4								
3								
2								
1								
	A	B	C	D	E	F	G	H

2 - Portrait de groupe

- Stéphane et Quentin sont les plus grands
- Edgar, Hugo et Gabriel ont un survêtement
- Edgar et Yohann ont les cheveux frisés
- Yohann et Jonathan ont un T-shirt
- Stéphane n'a pas de casquette
- Gabriel et Quentin ont une casquette

Où sont-ils sur le dessin ? Yohann Quentin Edgar Stéphane Gabriel Hugo Jonathan

Activités liées à la perception

Les activités perceptives sont à la base d'une mémorisation efficace : une bonne réception des données conditionne toute la suite du processus. On se souvient beaucoup mieux si on permet à sa mémoire d'effectuer un bon travail d'acquisition et d'organisation. Apprendre c'est analyser, c'est-à-dire décomposer et recomposer des ensembles de notions. C'est pourquoi, au cycle 3 nous exerçons tout particulièrement les capacités d'anticipation, d'analyse, de transposition et de représentation mentale.

1. Développer l'acuité sensorielle

Il s'agit de **mettre en œuvre tous les sens en améliorant la capacité** et les facultés de ségrégation perceptive.

Un des jeux les plus connus est le **jeu de Kim** et ses nombreuses variantes.
Le principe du jeu est toujours le même : il s'agit de reproduire ou de retrouver des séquences de sons ou de bruits (en regardant ou non l'objet sonore).
Il peut s'effectuer avec des objets, des images, des mots, du matériel sonore, tactile ou gustatif, sur des supports ou des parcours.
Le jeu de Kim peut se compliquer à loisir en jouant sur le nombre d'éléments, sur la disposition, le déplacement…

Procéder toujours ainsi :
- annoncer ce qu'on va faire,
- regarder,
- revoir dans sa tête les yeux fermés,
- se rappeler ou retrouver le ou les objets cherchés.

Cartes d'activité 59 à 70
Jeu de discrimination visuelle

L'objectif est d'affiner encore les facultés de ségrégation perceptive.

On procède ainsi :
- annoncer ce qu'on va faire,
- regarder en détail l'image (recto),
- fermer les yeux et revoir l'image dans sa tête,
- ouvrir les yeux puis retrouver le bon dessin parmi les quatre présentés au verso.

Inviter les enfants à justifier leur choix (détail enlevé, déplacé, changement d'orientation…).
Cette attitude de questionnement sera ainsi réinvestie lors des observations ultérieures.
Les différentes cartes présentent des difficultés progressives.

- Niveau facile : critères de forme, de nombre.
- Niveau moyen : critères faisant intervenir la symétrie, la composition, la géométrie.
- Niveau difficile : formes abstraites avec critères de proportion, de composition.

2. Entraîner la perception active

À travers ces activités, nous amenons l'enfant à **analyser, prélever des indices, orienter sa perception de manière sélective**, en vue d'un objectif ou d'un problème à résoudre.
Dans cette catégorie, nous retrouvons tous les jeux de recherche de différences, de points communs, d'intrus, d'anomalies où l'enfant mettra en œuvre des stratégies de comparaison, de repérage et d'analyse.

Fiche-élève 71

1. L'intrus
En analysant chaque groupe de lettres, on recompose les noms d'oiseaux connus. On peut procéder par élimination : lorsqu'on a trouvé 5 noms d'oiseaux, il reste l'intrus.
D'autres stratégies sont bien sûr possibles.

2. Le mot pirate
Autre jeu de perception active où il faut analyser le contexte pour éliminer le mot pirate.

Fiche-élève 72 : analyser une info

- Cette fiche propose à l'élève de mettre en œuvre les techniques d'analyse d'un document à partir d'une grille de questionnement. Nous lui proposons d'appliquer ici le système QQCOQP :

Qui ? (le sujet)
Quoi ? (l'action)
Comment ? (la manière)
Où ? (le lieu)
Quand ? (le moment)
Pourquoi ? (la cause)

Cette technique permet à l'élève de mettre en relief les idées principales d'un texte en s'appuyant sur un fil conducteur basé sur les questions.

Avant de procéder à l'analyse du document, bien mémoriser la suite de questions et leurs sens possibles.

On pourra appliquer cette technique systématiquement à toute analyse ou production de documents. C'est le cas des journalistes qui utilisent largement cette grille comme outil d'analyse et d'écriture.

Nous reviendrons plus largement sur cette technique dans un autre chapitre, où le système de questions QQCOQP est utilisé comme plan de rappel.

3. Exercer l'anticipation perceptive

Ici l'enfant **se projette dans le futur, émet des hypothèses** sur ce qui va se passer en fonction d'un contexte donné. C'est une stratégie qu'il sera amené à mettre en œuvre en lecture où l'on anticipe sur le sens d'un mot ou d'une phrase à partir de la confrontation de quelques indices phonétiques, syntaxiques...

On retrouvera bien sûr dans cette rubrique tous les jeux à base de devinettes, d'énigmes...

Fiche-élève 73 :

- Les quatre exercices d'anticipation perceptive de cette fiche amènent l'élève à développer les stratégies de prise d'indices et d'interprétation du contexte.

1. La citation : mots et lettres à reconstituer.
2. La B.D. : interprétation d'éléments iconiques.
3. Le texte : interprétation d'éléments textuels.
4. Le problème : sélection, organisation et interprétation des données fournies par un énoncé.

4. Créer des représentations mentales

On travaille ici les capacités **d'évocation, de visualisation mentale** essentielles pour la mise en œuvre ultérieure de la mémoire de travail. On va **transposer, synthétiser** des images ou des représentations mentales à partir d'éléments visuels, verbaux ou autres.

À travers ces activités, l'enfant, s'exerce à **évoquer mentalement un objet qui n'est plus présent.** Pour faciliter cette visualisation, lui demander de fermer les yeux.

Fiche-élève 74 : le jeu du portrait robot

- Ce jeu exerce l'élève à fabriquer des représentations mentales à partir d'une description orale.

La fiche pourra être distribuée aux élèves ou utilisée collectivement (agrandir au format A3 si nécessaire).

On pourra procéder ainsi :

- l'enseignant (ou un élève) décrit oralement sans montrer le document l'un des visages. Les autres élèves, les yeux fermés, essaient de se représenter mentalement le personnage au fur et à mesure de sa description.

Exemple : « *Il est jeune. Ses cheveux sont blonds et assez courts. Son visage est triangulaire. Il n'a pas de barbe ni de moustache et ne porte pas de lunettes.* »

- à la fin de la description, montrer la fiche et demander aux élèves de désigner le personnage décrit.

Pour augmenter la difficulté de l'exercice, décrire successivement plusieurs personnages.

Ne pas hésiter à faire effectuer des descriptions orales, cela constitue un excellent exercice d'expression et de vocabulaire.

Variante : le jeu du témoin

Sur le même principe, il s'agit d'observer, de décrire ou de reproduire un événement ou un document.

Exposer dans la classe un objet (bibelot, statue...) en veillant à ce que tous les élèves aient remarqué sa présence. Au bout de quelques jours, le faire disparaître et demander une description précise de l'objet (avis de recherche).

Cette activité peut se pratiquer aussi à partir de l'observation de documents de diverses natures :

- documents iconographiques (photos, dessins, reproductions),
- documents sonores ou audiovisuels courts,
- événements.

Fiche-élève 75 : les cubes cachés

- Dans cette fiche, l'élève est amené à synthétiser et à déduire mentalement les parties cachées de la figure. Cet exercice constitue également une excellente activité de perception spatiale.

Au besoin faire réaliser les figures avec des cubes pour aider l'élève à passer d'une représentation réelle à une représentation mentale.

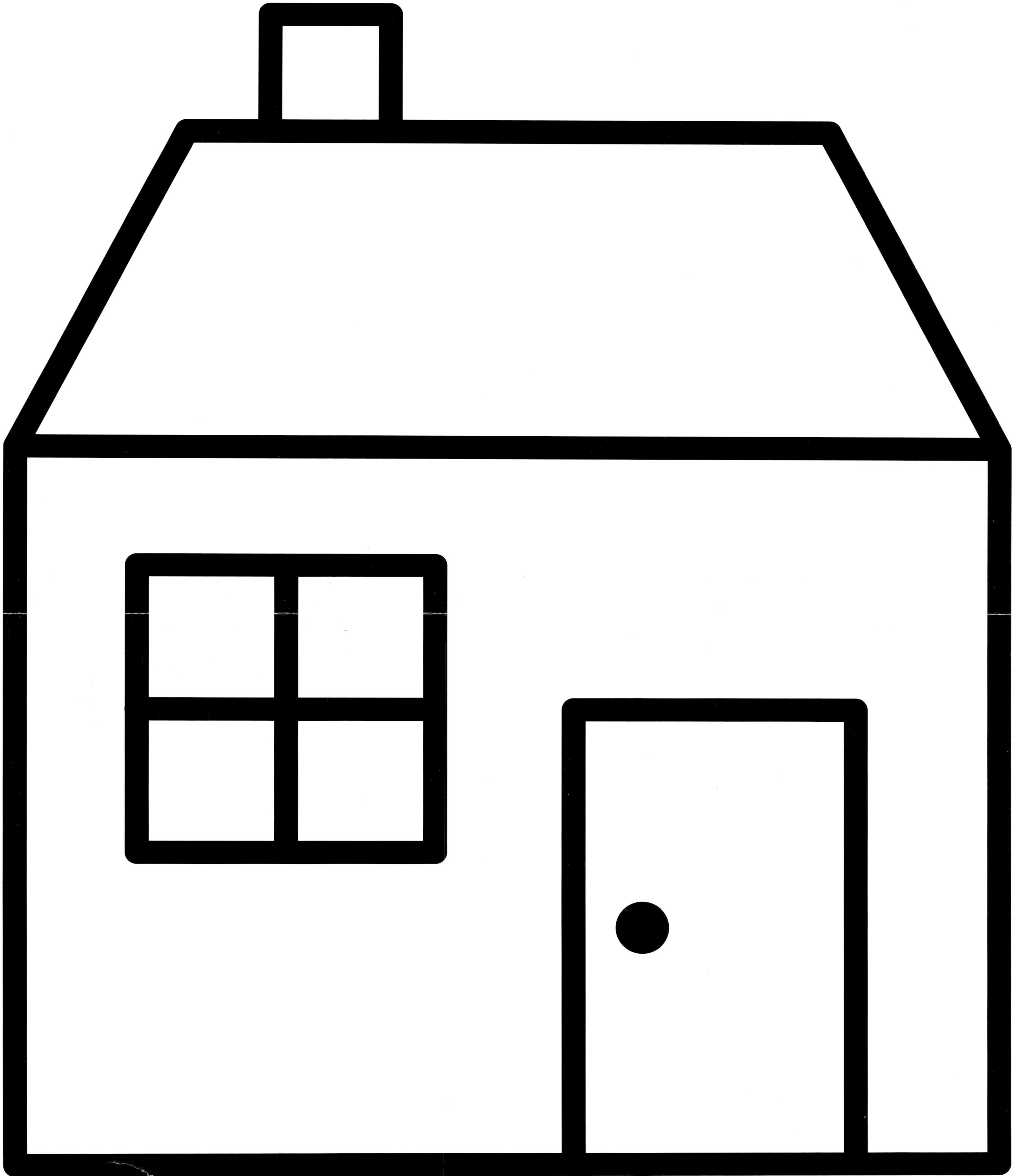

1

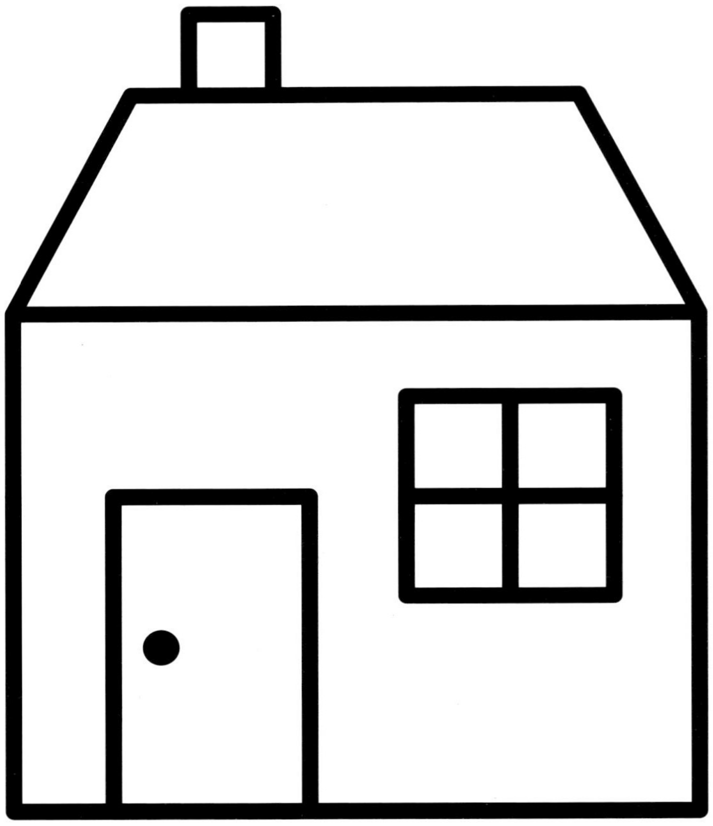

2

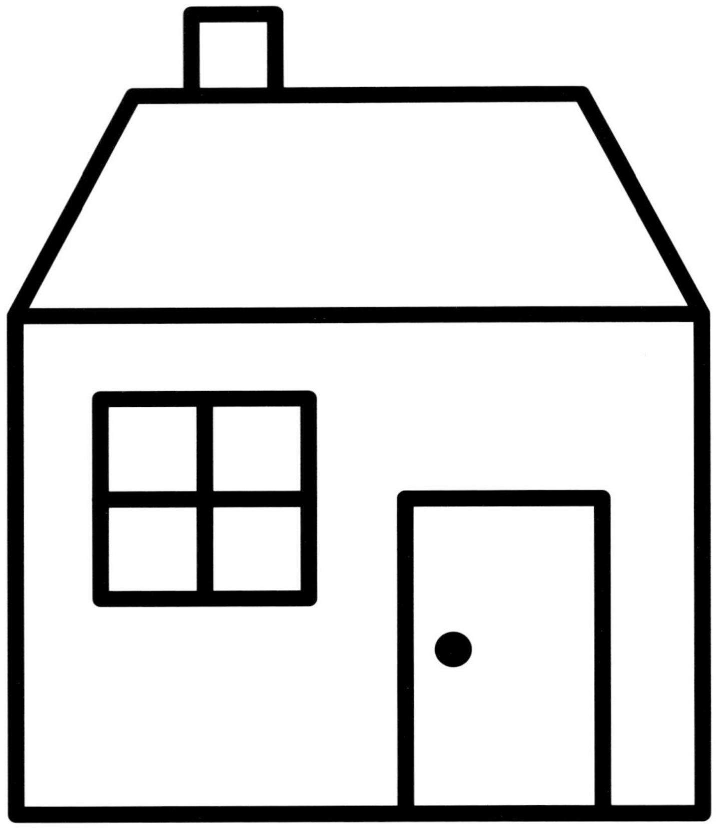

3

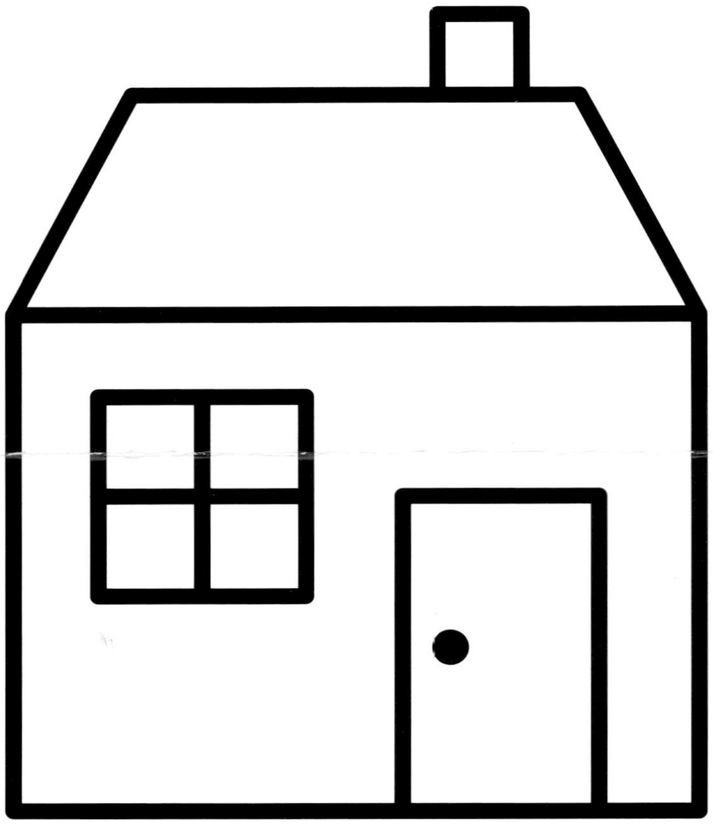

4

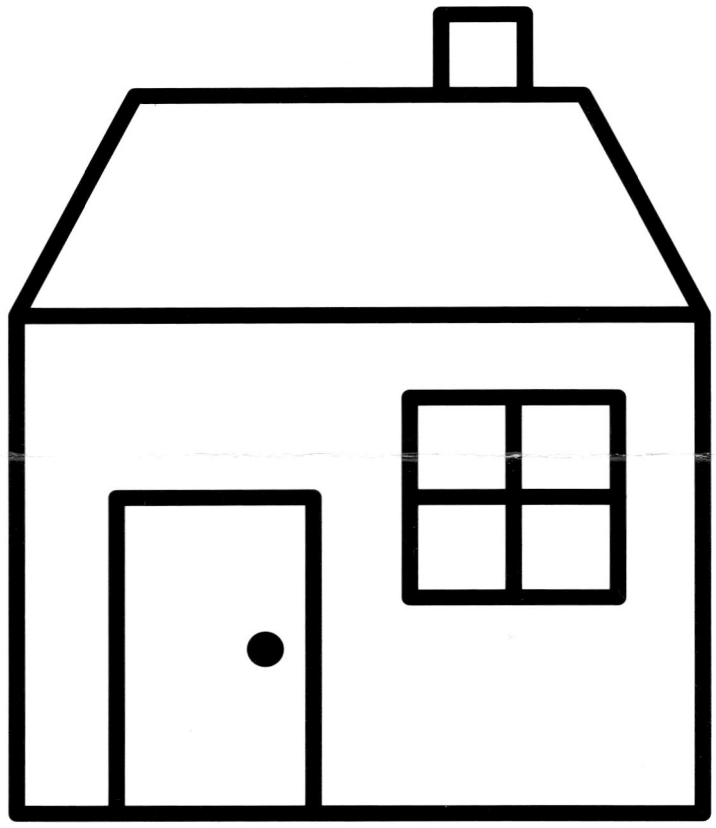

5

6

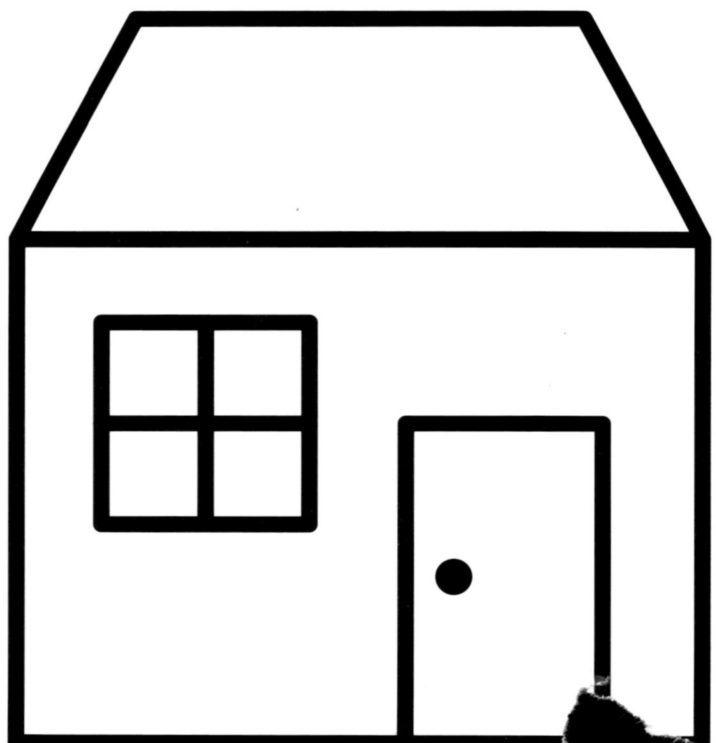

1

2

3

4

5

6

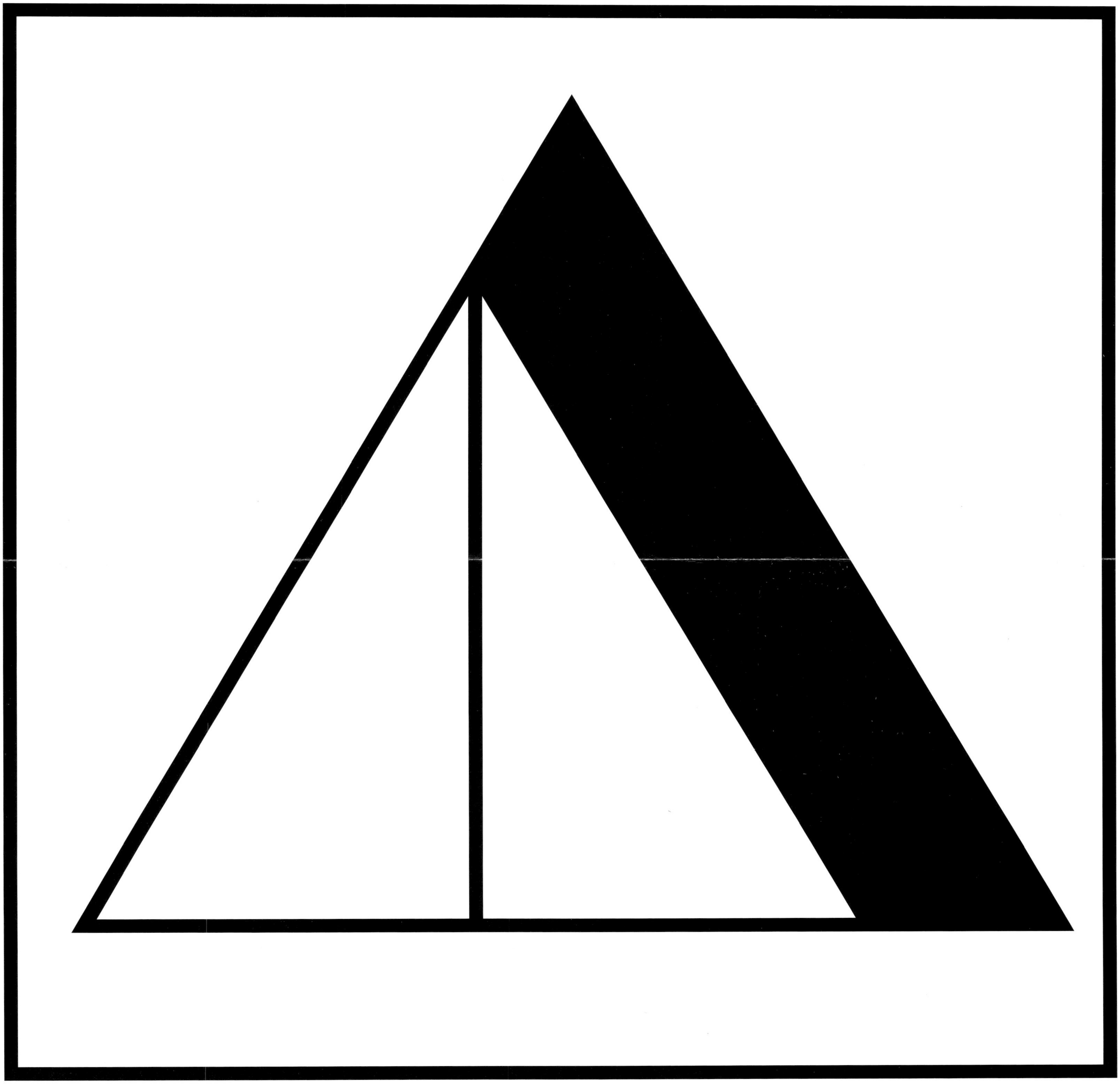

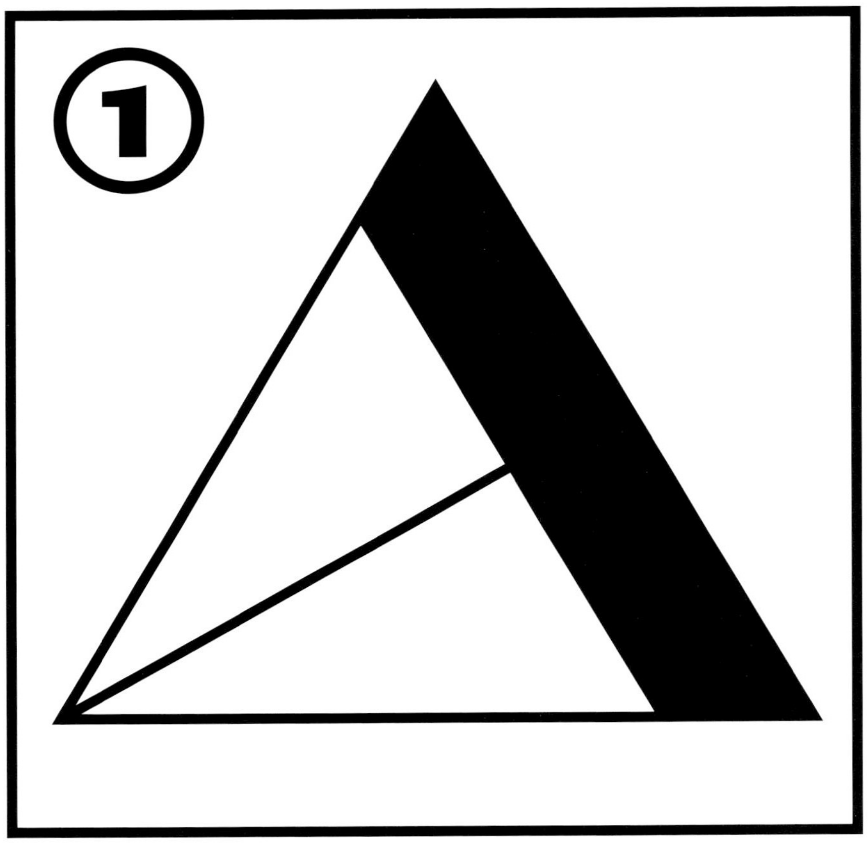
1

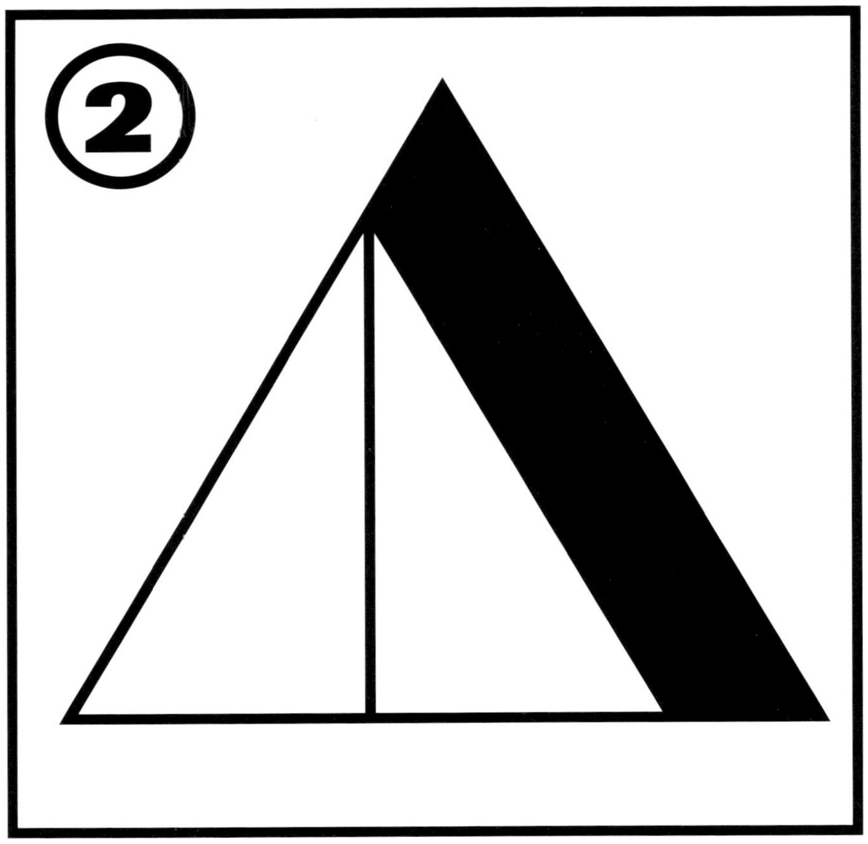
2

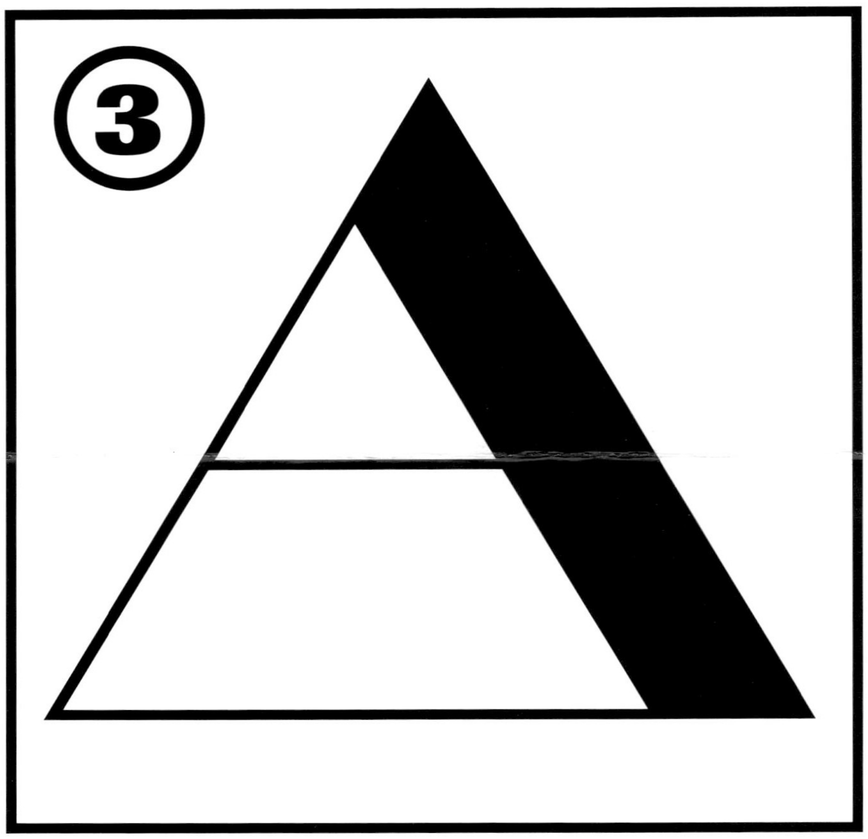
3

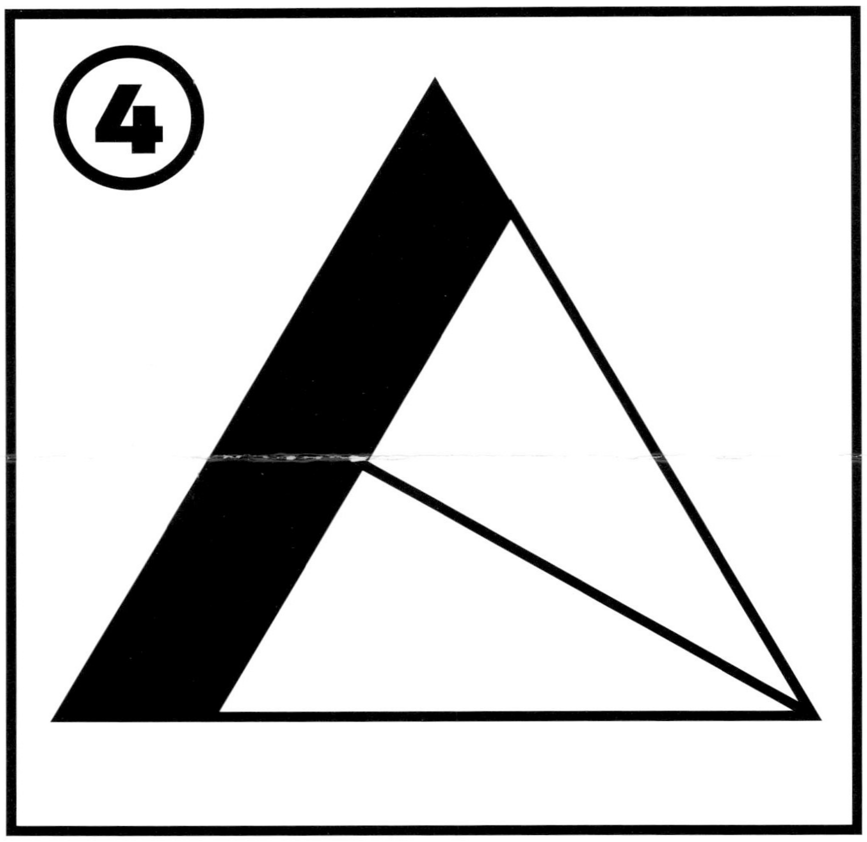
4

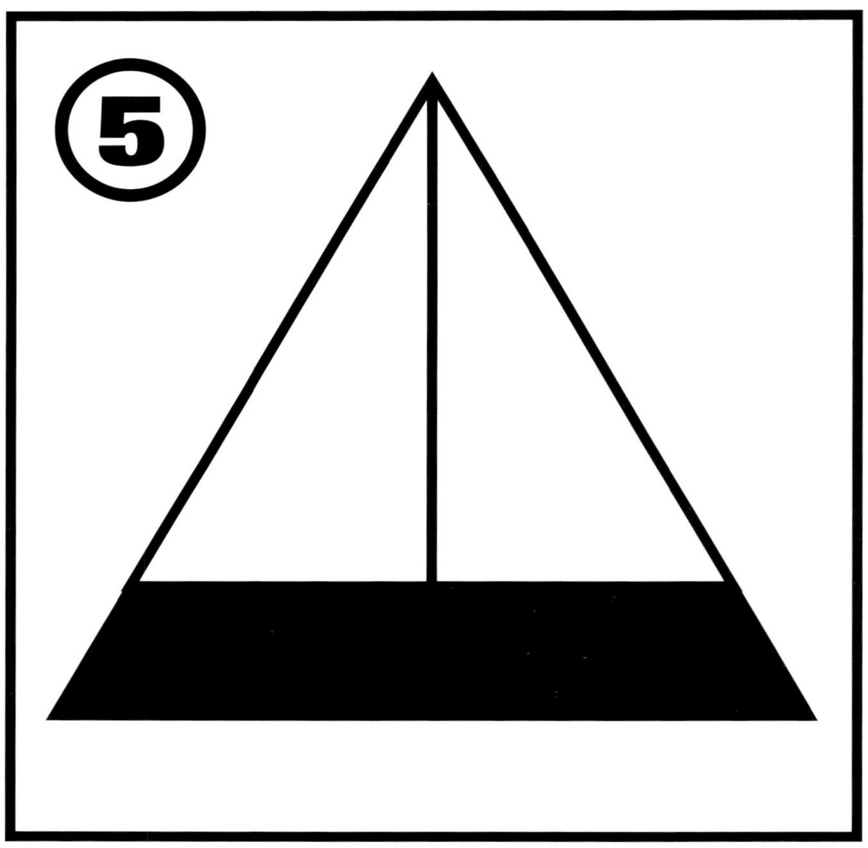
5

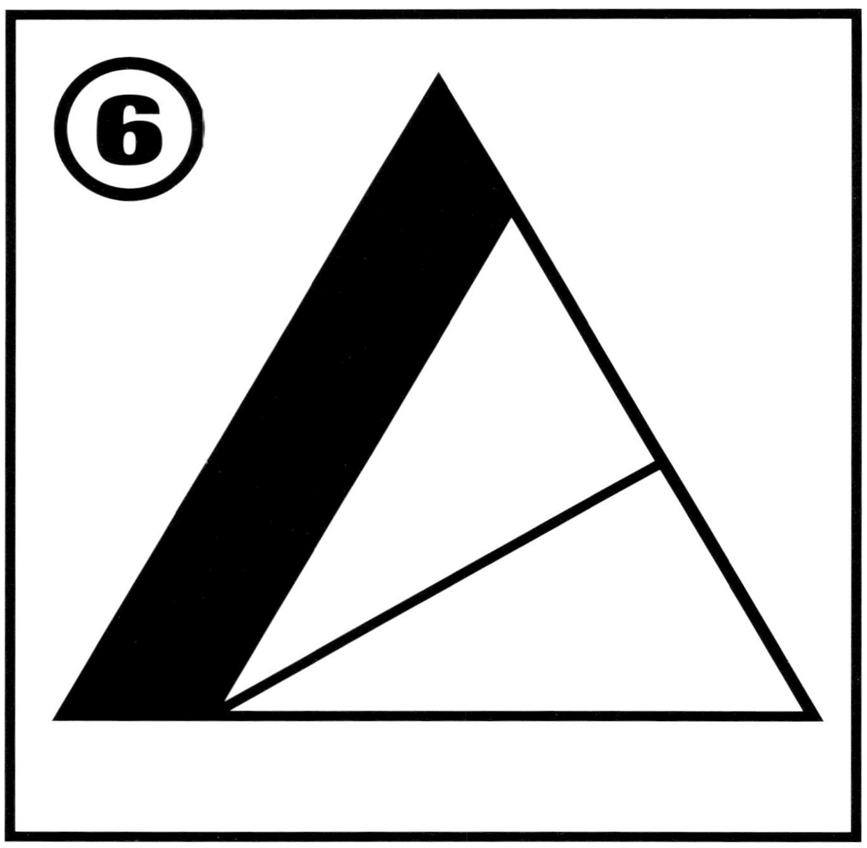
6

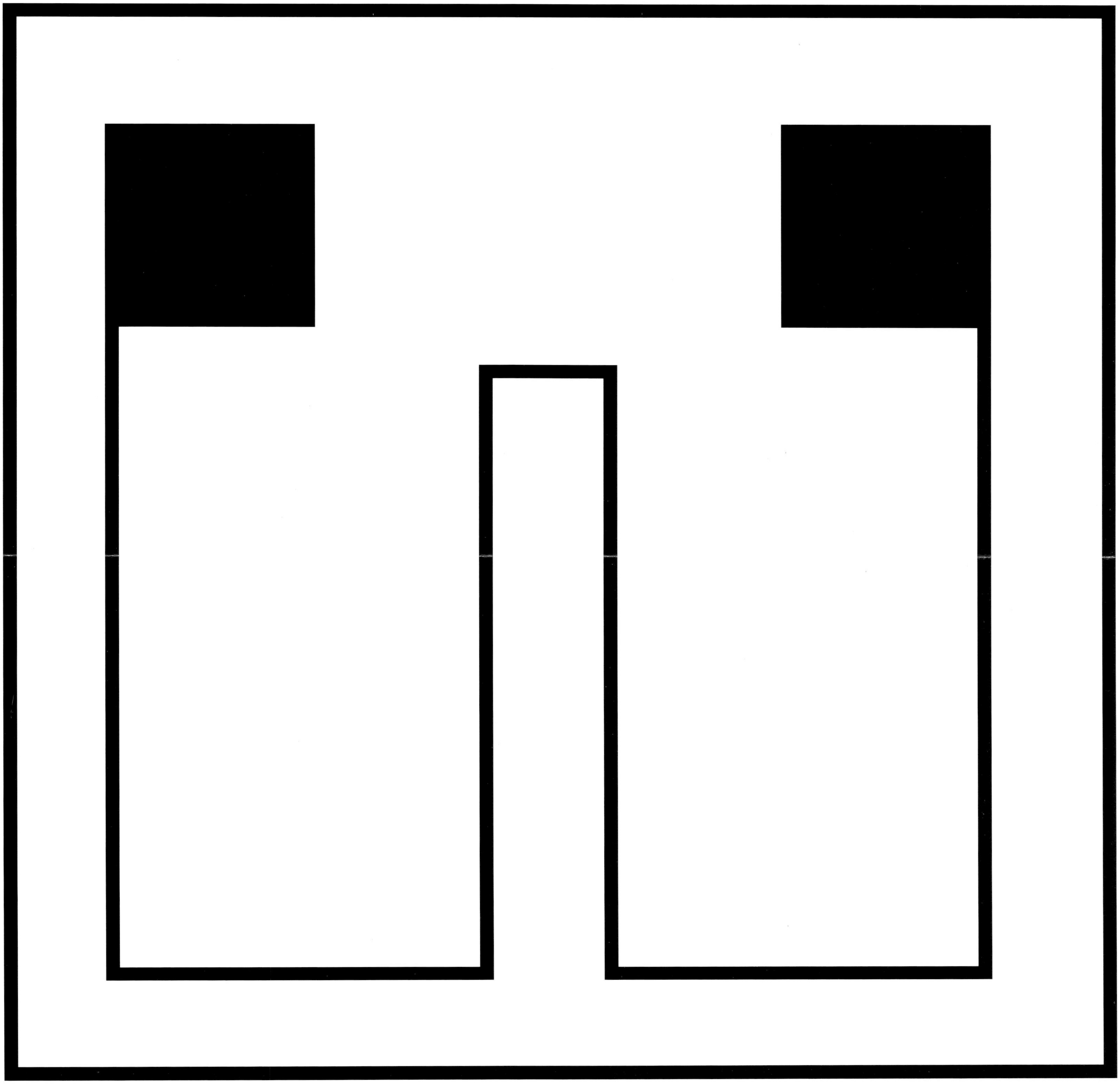

1
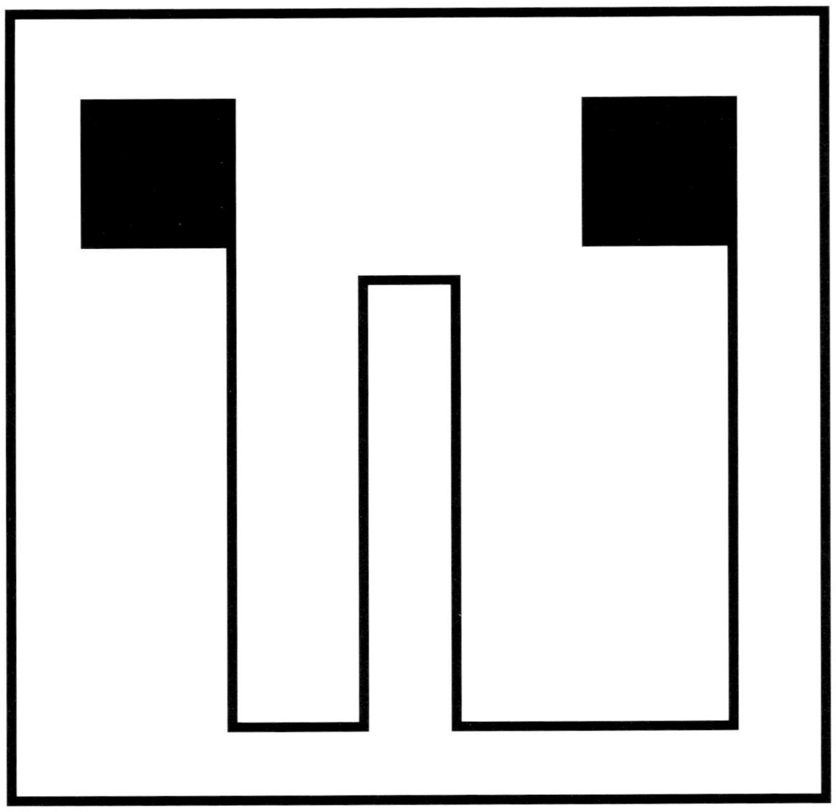

2
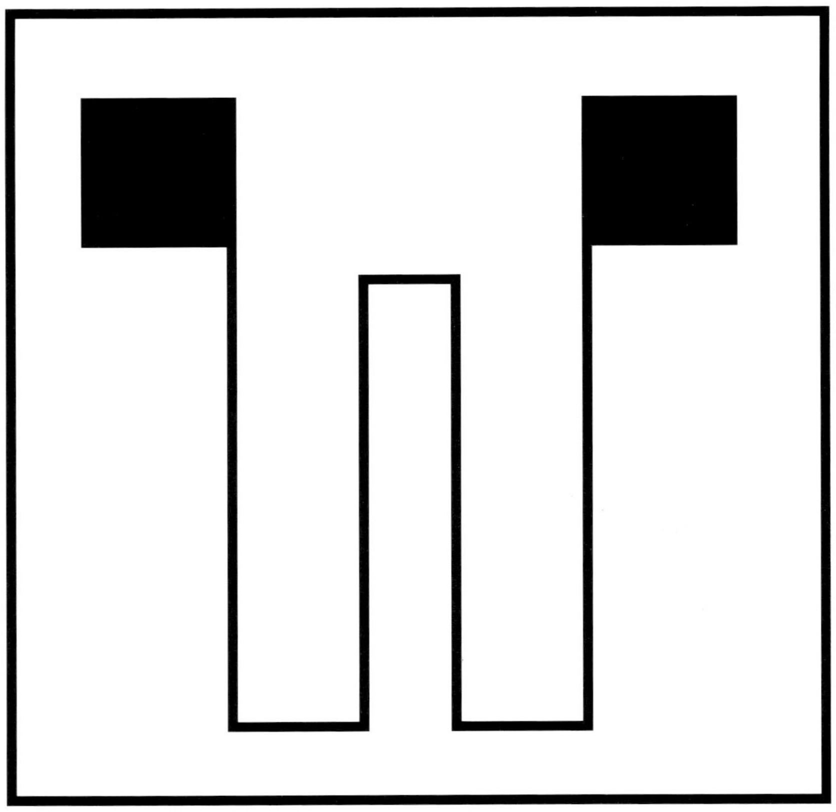

3
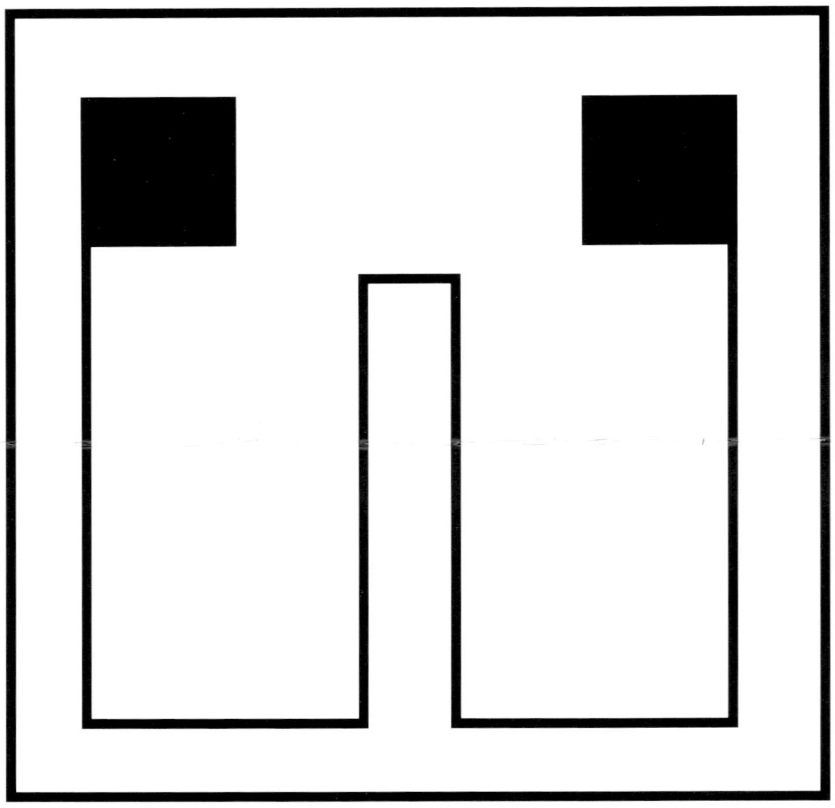

4
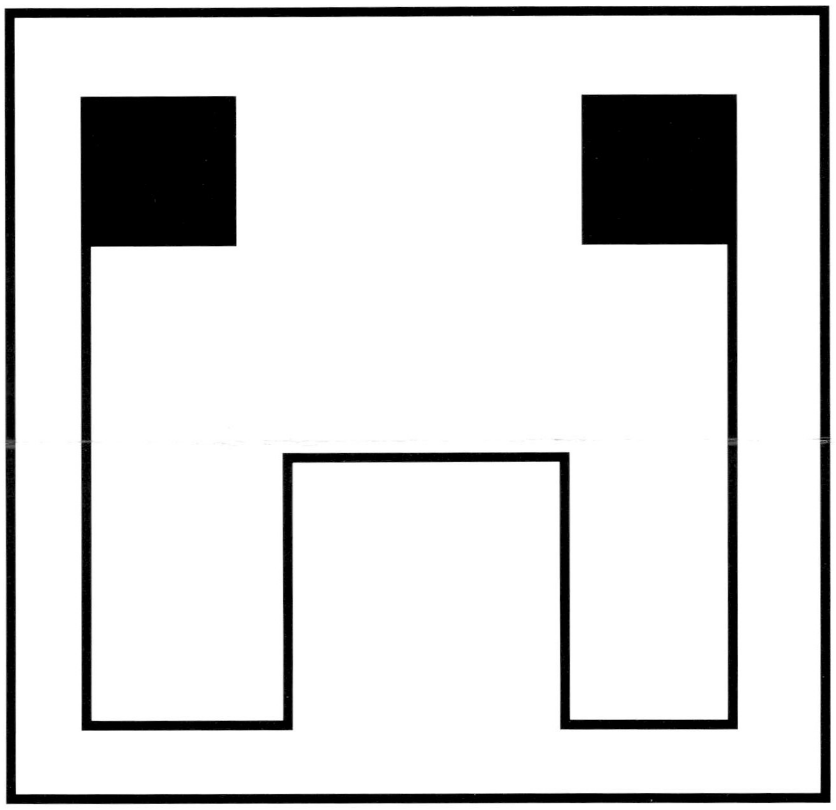

5
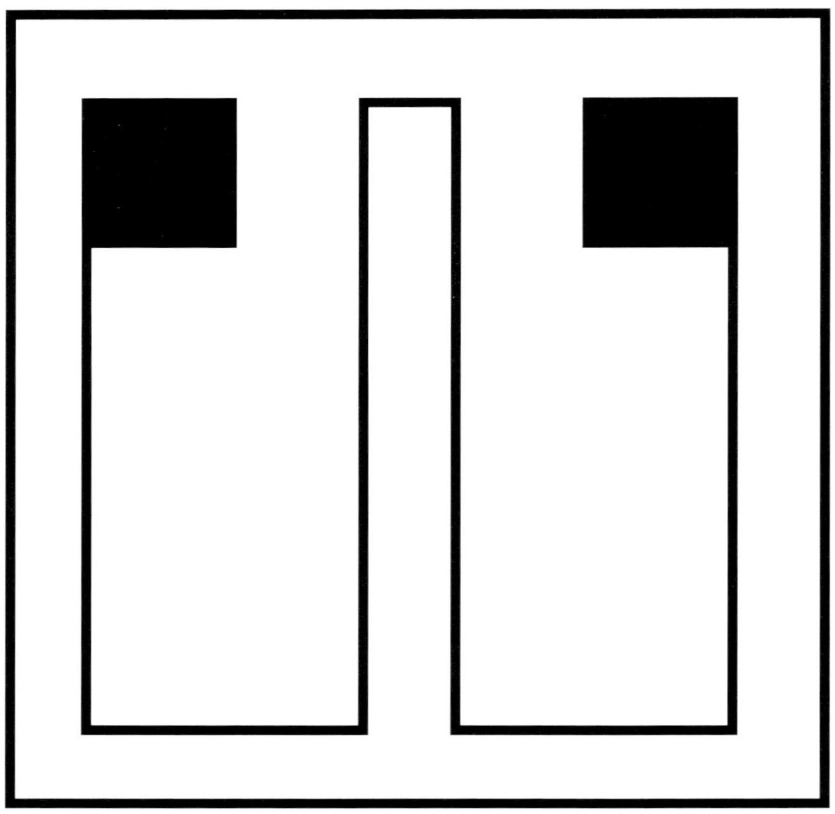

6
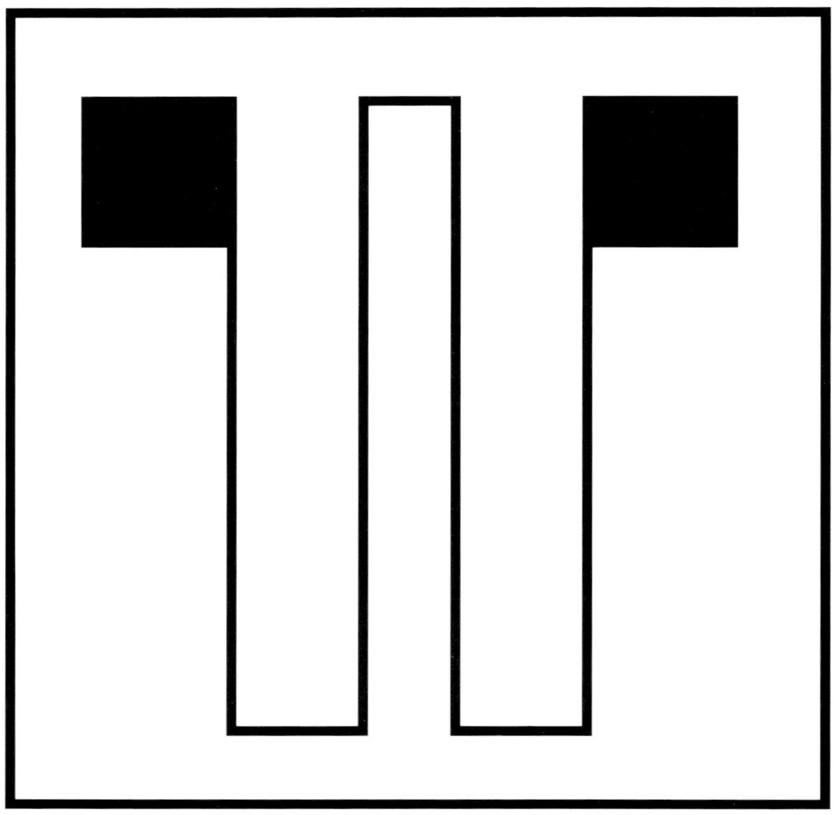

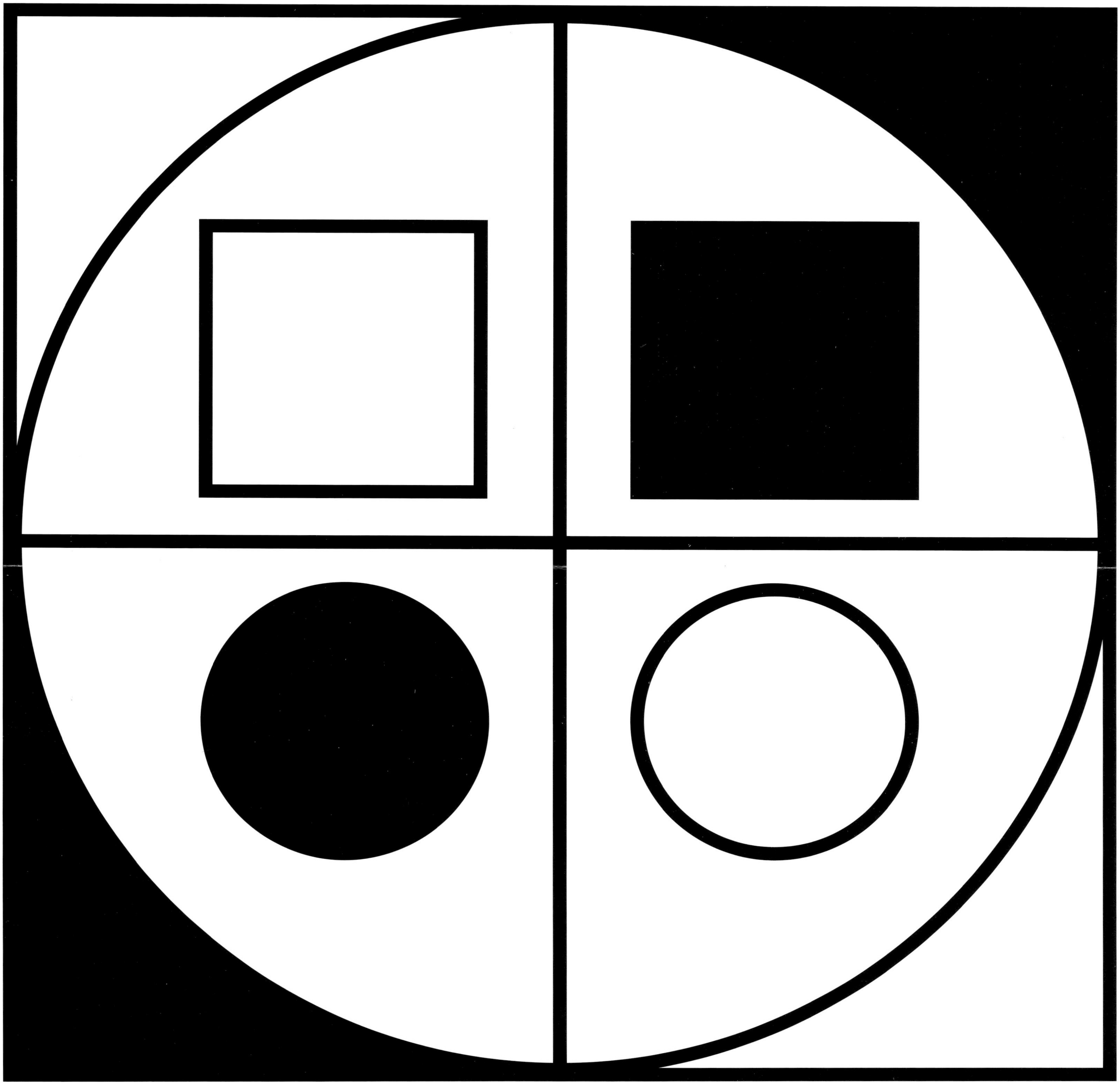

1
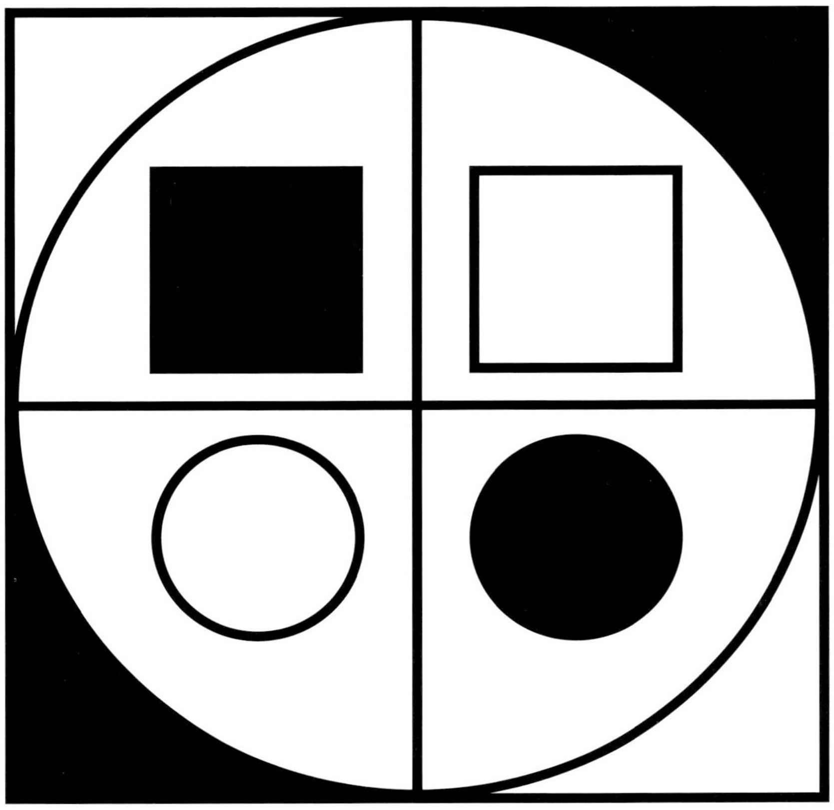

2
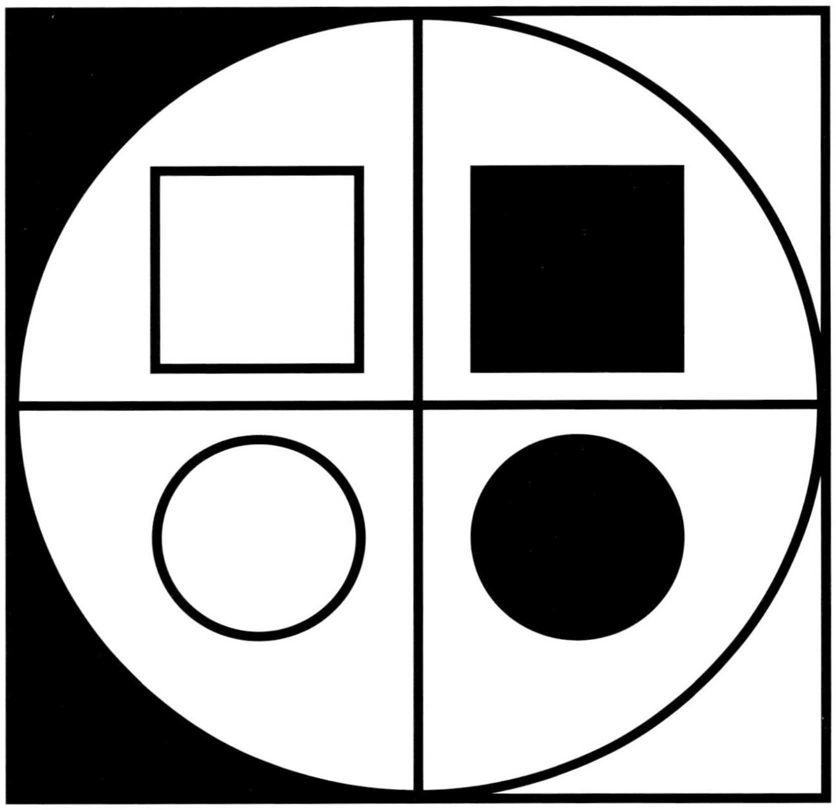

3
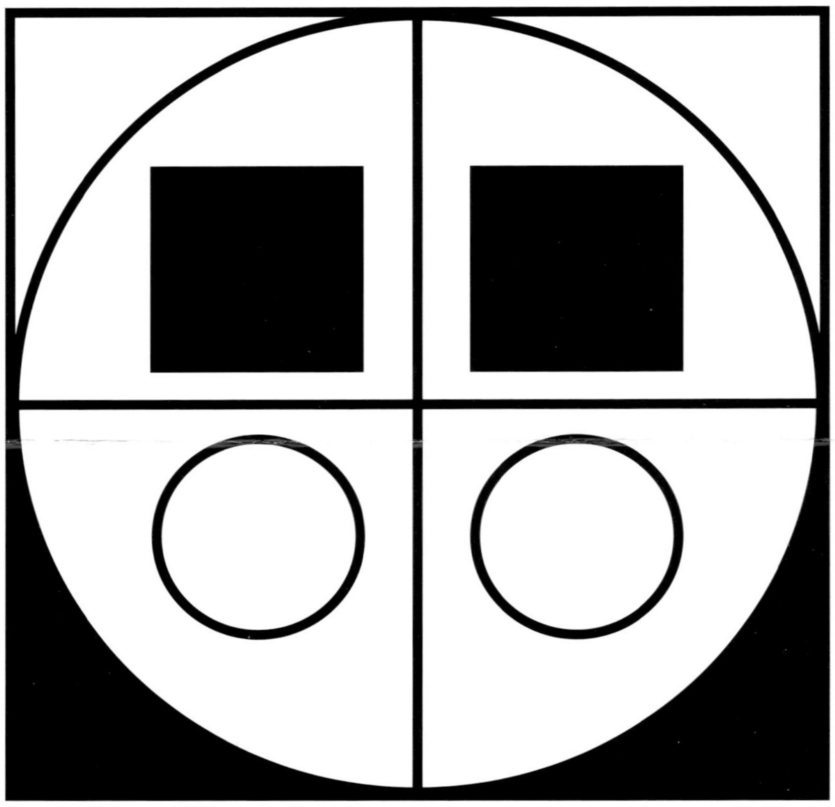

4
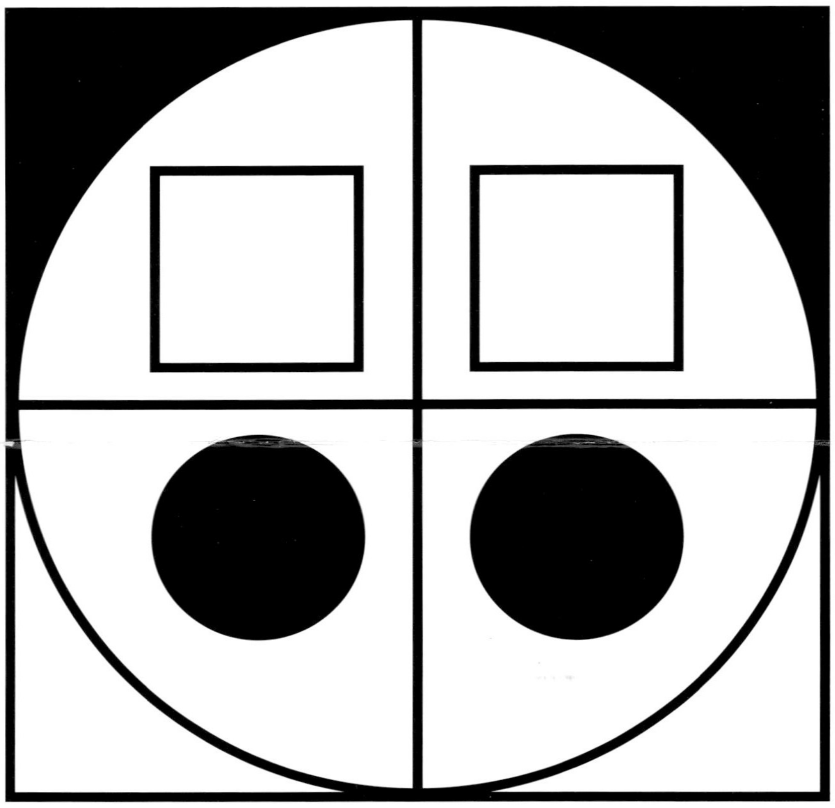

5
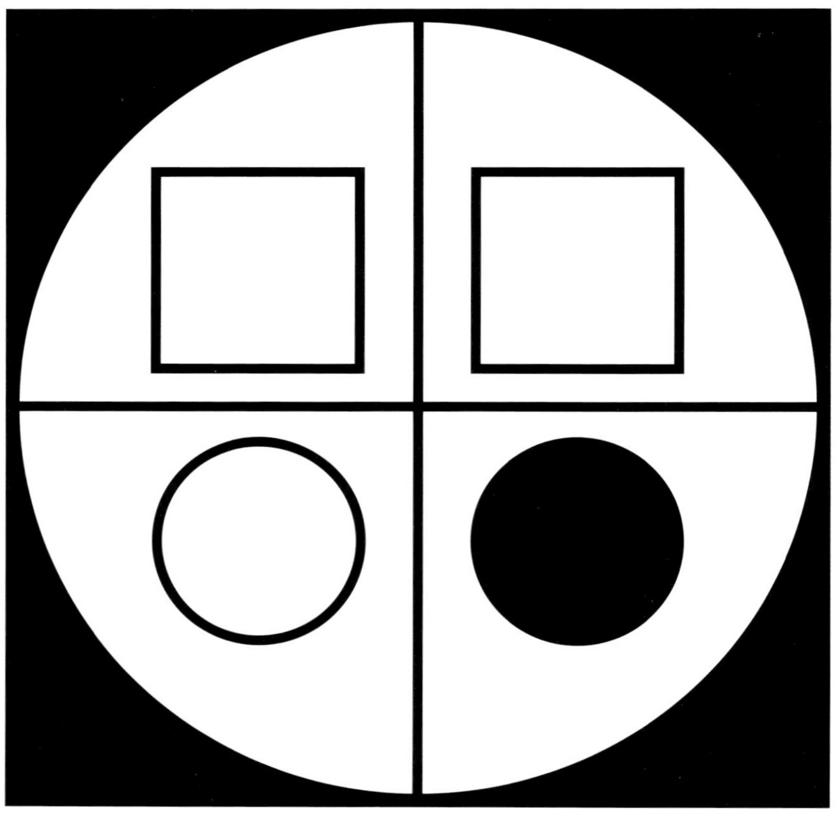

6
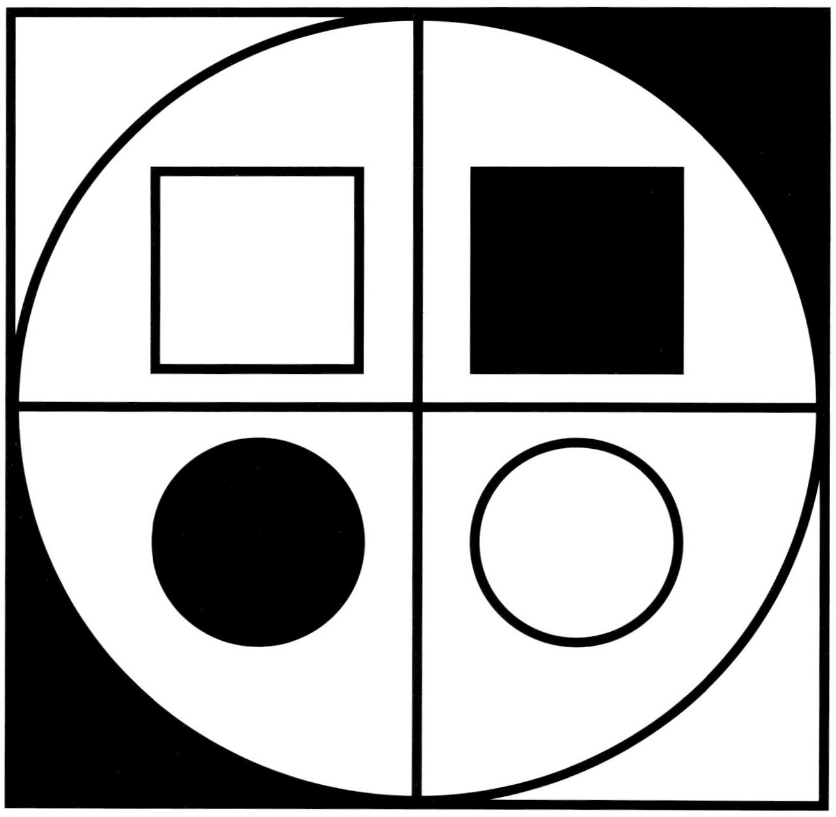

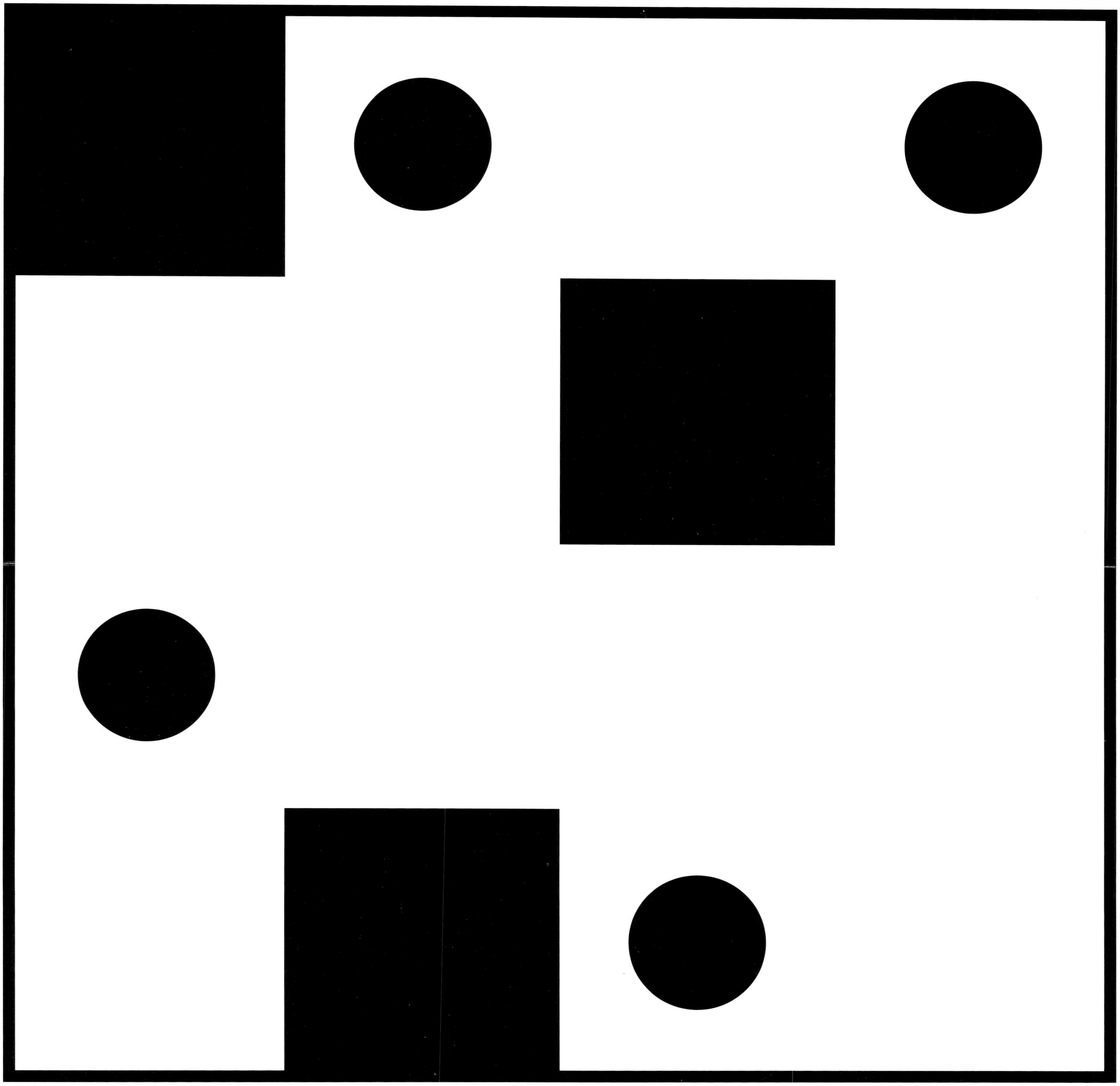

1
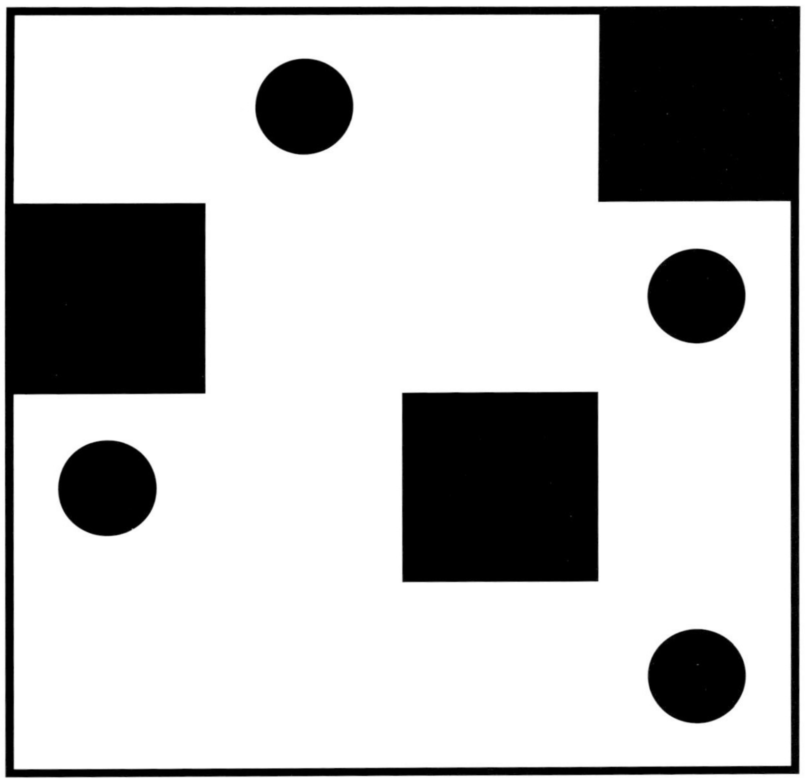

2
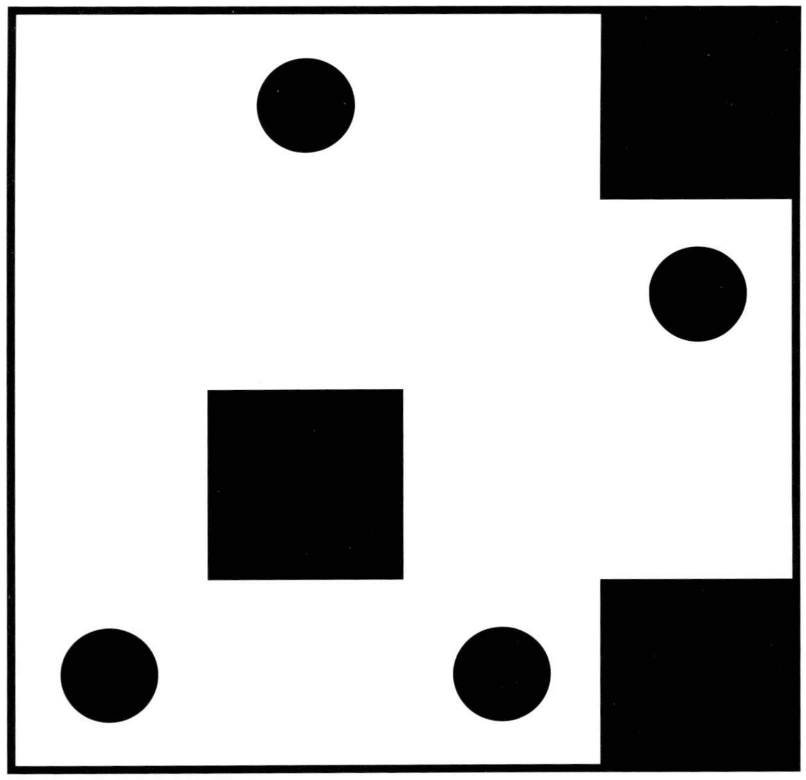

3
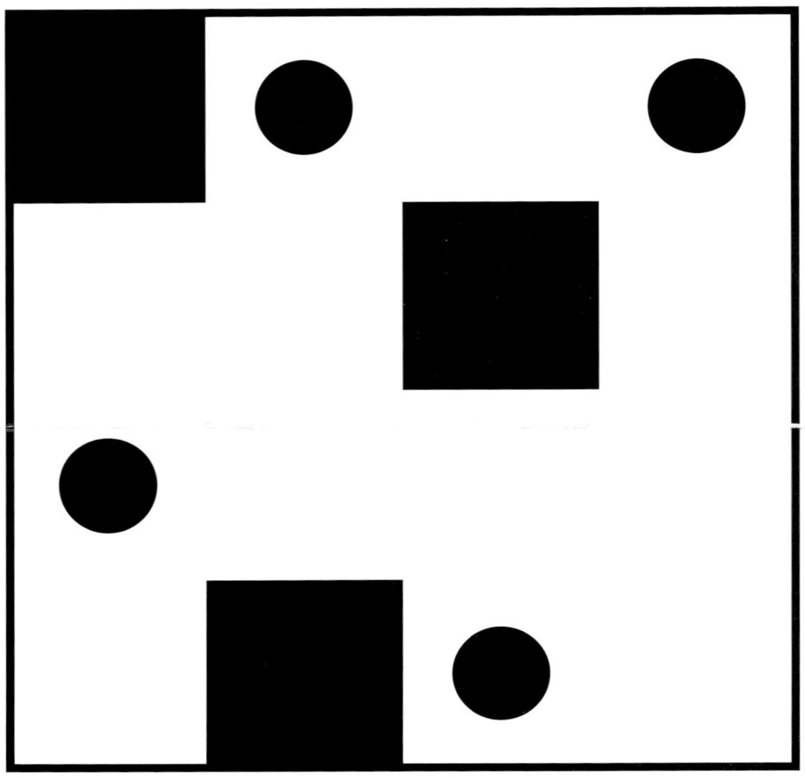

4
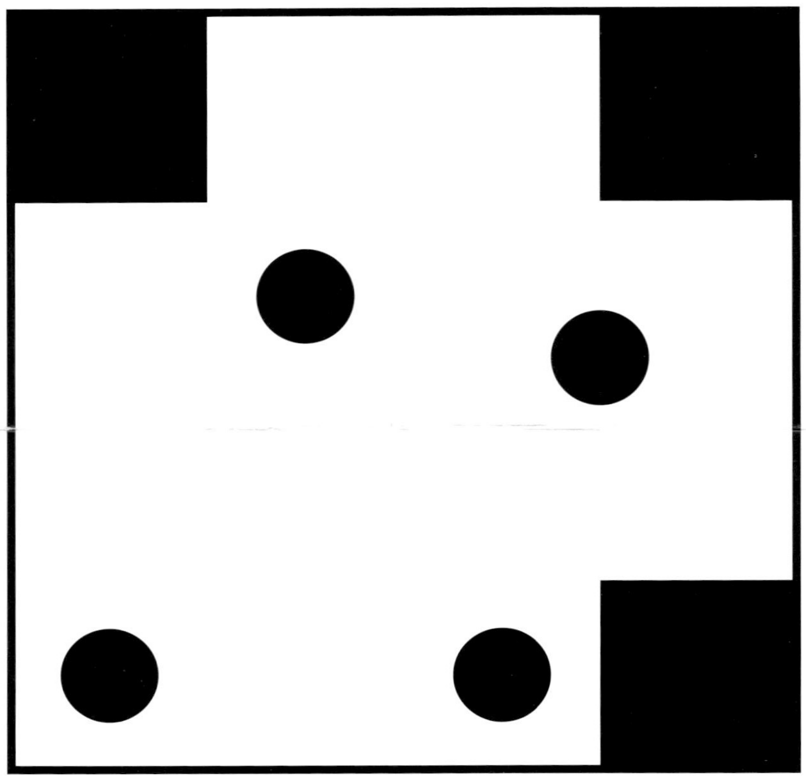

5
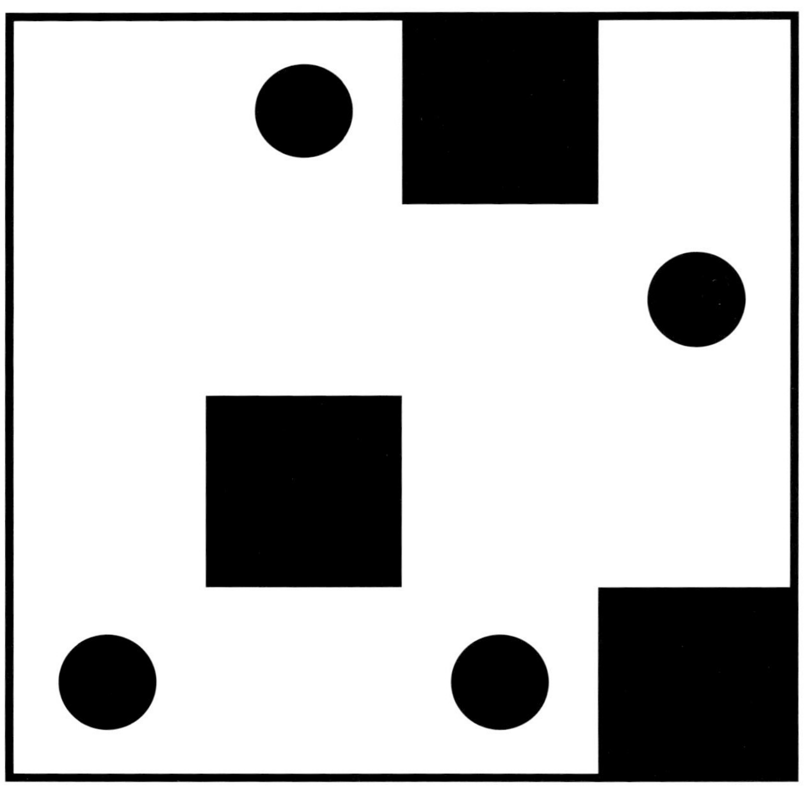

6
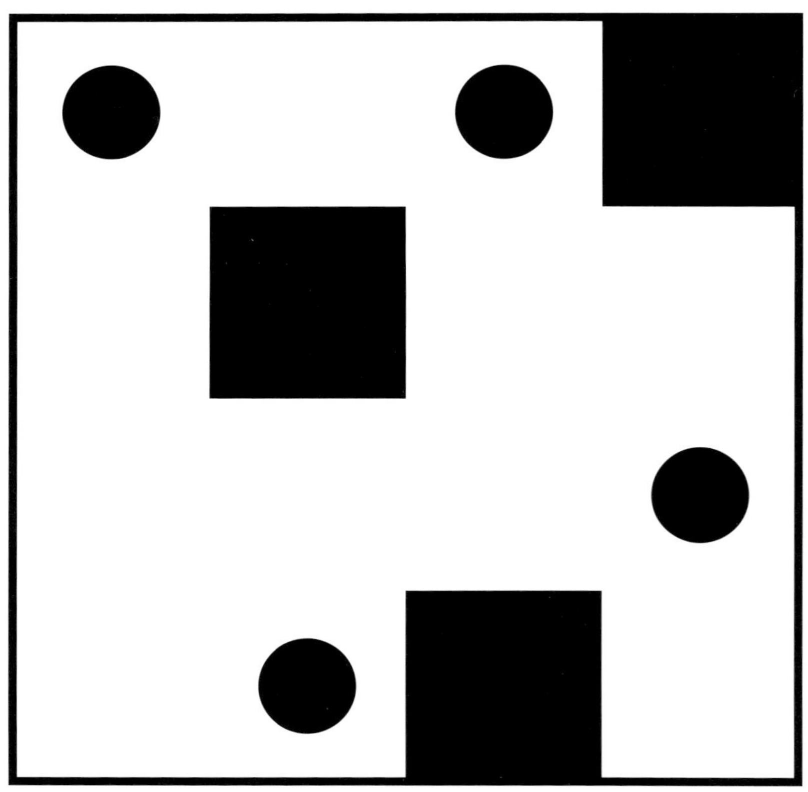

Objectif Entraîner la perception active

1 - L'intrus

Parmi ces six groupes de lettres en vrac, cinq permettent de former des noms d'oiseaux sauf un. Lequel ?

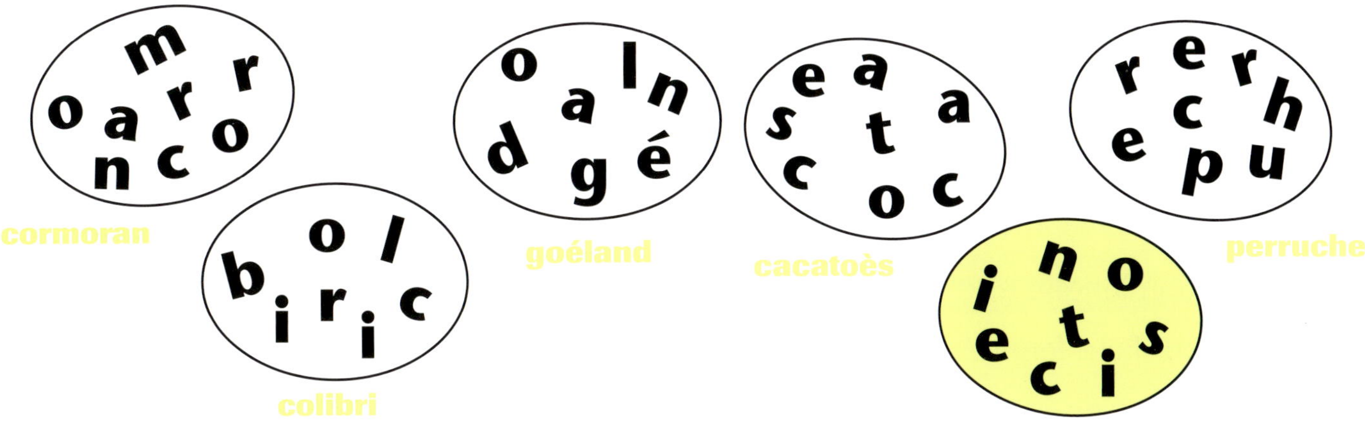

....

2 - Les mots pirates

Dans chaque phrase un ou plusieurs mots pirates se sont glissés.
Repère ces mots et barre-les.

C'est l'hiver : la neige tombe sous sur les toits et recouvre le sol.

Le pauvre Georges a le pied dans le bras plâtre et en plus il se retrouve avec une bonne gosse grippe.

J'ai perdu mon gros chat noir : il porte un cartable collier bleu autour du cou.

Pierre déteste adore les concombres : chaque fois que sa mère l'oblige prépare à en manger, il a envie de vomir.

Ma sœur veille est une excellente cuisinière : elle réalise souvent des gâteaux délicieux.

Le gendarme surveille rêve le carrefour : il n'a vraiment pas d'argent l'air commode.

Charles est très intelligent, il réussit tricher tous les problèmes.

Dans la rue, l'inspecteur interroge mène les passants.

Le théâtre de marionnettes s'est installé spectacle sur la place du marché.

Le responsable de la course nous a part distribué le règlement et la liste des étapes.

Objectif Analyser une info à l'aide d'une grille de questionnement

Lis ce document puis recherche les informations importantes à l'aide de la grille de questions.

Le document

La fabrication du verre au XIIIe siècle

Au XIIIe siècle, la plupart des fenêtres sont fermées simplement par des volets de bois ou tendues de peaux de bêtes tannées et huilées. Peu à peu, les baies d'église ou de riches demeures sont closes avec des vitraux.

La fabrication longue et difficile du verre s'effectue à l'orée des forêts. Il faut beaucoup de bois pour faire fondre un mélange de sable et de cendre. La pâte ainsi obtenue donne un verre de couleur verdâtre que l'on peut teinter en ajoutant des colorants. Puis, avec une canne, les artisans-verriers attrapent une grosse boule de verre en fusion, la soufflent en forme de bouteille, la découpent, l'aplatissent ou, plus simplement, la tournent vivement pour qu'elle s'étale comme une galette. Le verre ainsi obtenu est épais, taché de bulles d'air et bosselé.

La grille de questions.

Qui ? Les artisans verriers
(De qui parle-t-on ?)

Que / Quoi ? La fabrication du verre
(De quoi parle-t-on ?)

Comment ? On chauffe du sable et de la cendre
(Comment cela se passe-t-il ?)

Où ? À l'orée des forêts
(Où cela se passe-t-il ?)

Quand ? Au XIIIe siècle
(Quand cela se passe-t-il ?)

Objectif Exercer l'anticipation perceptive

1 - La citation effacée

Pour retrouver cette citation d'un poète anglais, ajoute un trait sur chaque lettre.

UNE PLAISANTERIE
EST CHOSE SERIEUSE

2 - La B.D. à compléter

Complète les deux dernières vignettes (image et texte).

3 - Le texte à compléter

Max le fantôme, habite dans un château. Un jour, il trouve une clé. Avec cette clé, il parvient à ouvrir une vieille grille. Cela lui permet de pénétrer dans un souterrain. Là, il découvre un trésor. Comme Max est content !

4 - Le problème incomplet

Trouve toutes les questions que l'on pourrait poser à partir de cet énoncé de problème.

André fait des courses pour sa mère. Il possède 15 € Il achète 5 kg d'oranges, 2 kg de bananes, 3 kg de fraises. Il a acheté ensuite 6 yaourts à 30 cts le yaourt et 2 tablettes de chocolat. Il a dépensé 12 €.

Objectif Apprendre à créer des représentations mentales

Jeu du portrait robot

Objectif Apprendre à créer des représentations mentales

Combien de cubes composent chaque figure ?
Attention, il y a des cubes cachés.

Exemple :

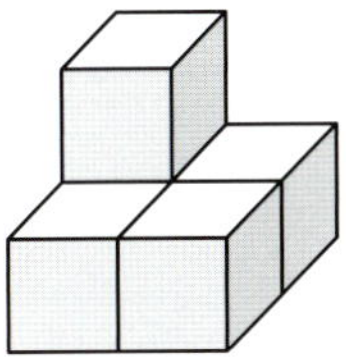

Il y a **5** cubes
dont **1** que l'on devine

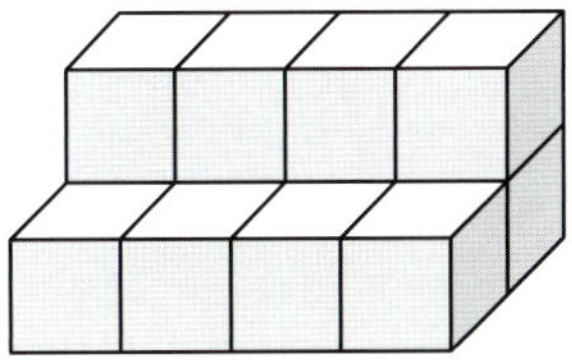

Il y a : 12 cubes

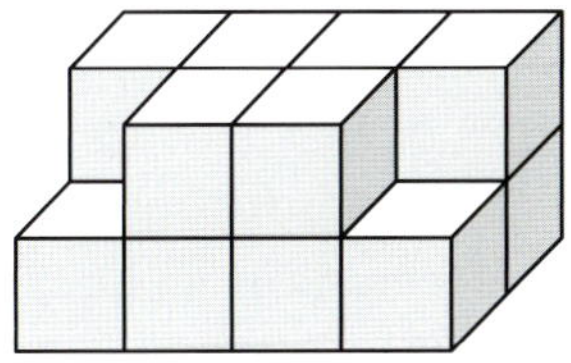

Il y a : 14 cubes

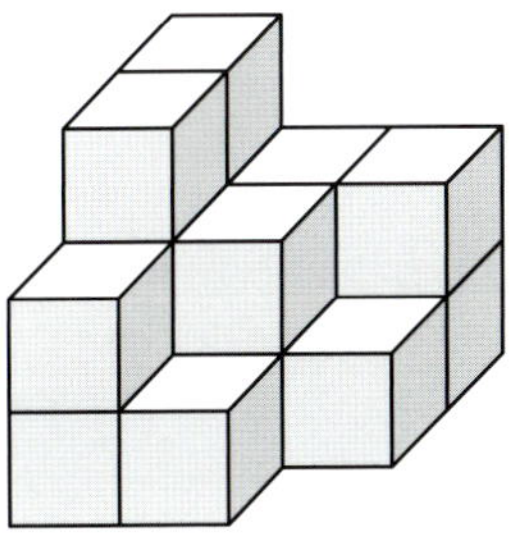

Il y a : 16 cubes

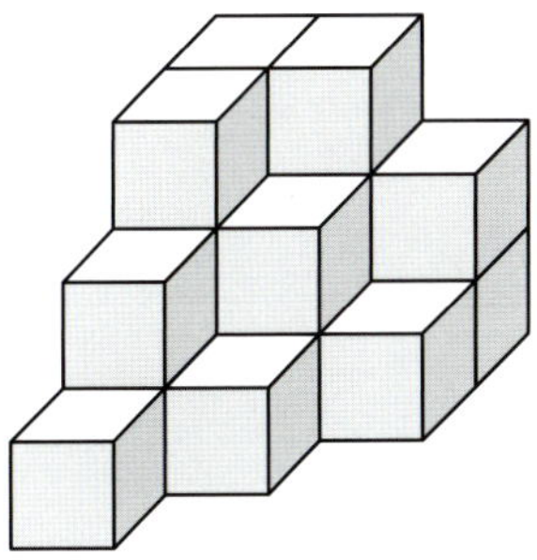

Il y a : 18 cubes

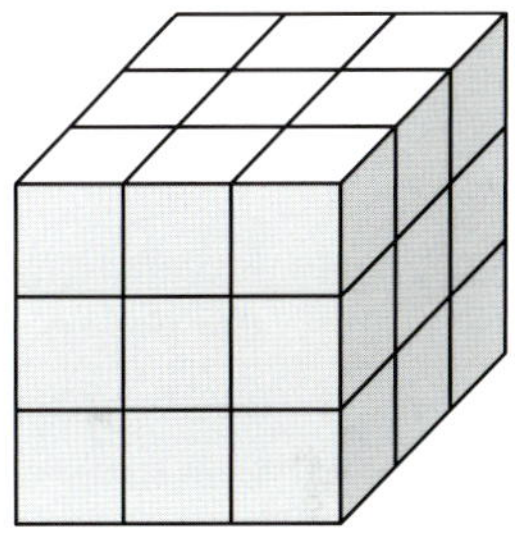

Il y a : 27 cubes

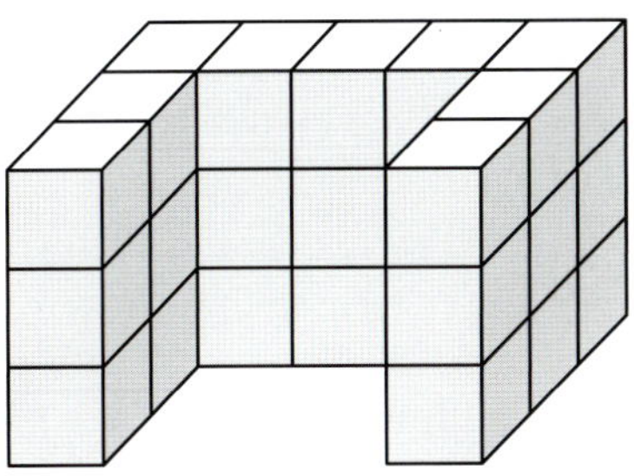

Il y a : 27 cubes

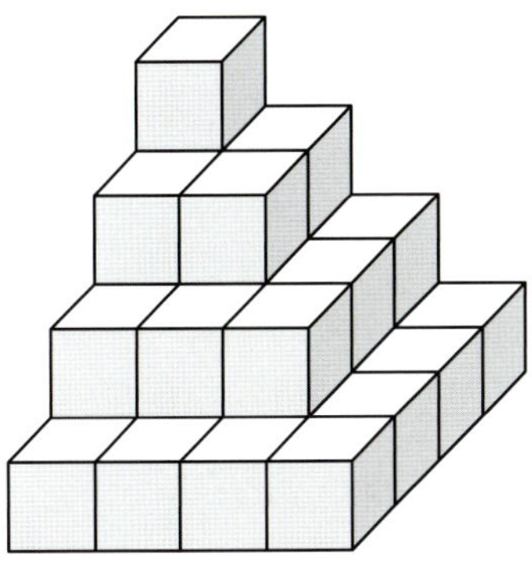

Il y a : 30 cubes

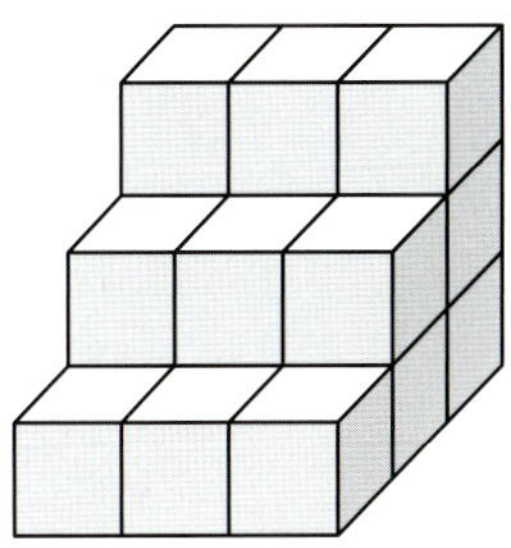

Il y a : 18 cubes

Activités liées à la mémoire de travail

Bien que disposant d'une capacité limitée (7 unités d'information) et d'une durée de rétention brève (10 secondes), la mémoire de travail joue un rôle-clé dans le processus de mémorisation mais aussi dans de nombreuses situations d'apprentissage. La mémoire de travail est en fait le **carrefour où vont transiter toutes les informations du monde extérieur mais aussi des données issues de la mémoire à long terme,** nécessaires au traitement et à la compréhension de ces informations.
Trois grandes fonctions sont ainsi mises en œuvre dans la mémoire de travail :

- **recevoir, sélectionner et stocker de façon provisoire** les renseignements issus de la mémoire sensorielle,
- **faire un rappel des connaissances antérieures issues de la mémoire à long terme,**
- **confronter et synthétiser ces deux types de données** afin de créer un nouveau produit, résultat d'un amalgame entre les informations issues de l'environnement externe et de connaissances déjà stockées dans la mémoire à long terme.

Il est donc de première importance que l'enfant sache gérer sa mémoire de travail en apprenant à organiser l'information de manière économique et en s'entraînant à augmenter la capacité de ces unités de stockage de l'information.
C'est l'objectif des 5 catégories d'exercices que nous proposons.

1. Développer l'empan de mémoire immédiate

L'objectif est d'apprendre à activer un maximum de cases de la mémoire de travail (de 5 à 9) en augmentant progressivement la capacité de chaque case.
Les exercices consistent à présenter des informations de plus en plus larges. On peut mesurer ainsi la limite de son empan de mémoire en relevant le moment où commencent les erreurs de restitution. La répétition de ces exercices se traduit par une amélioration rapide des performances, ce qui est très stimulant pour les élèves.

C Cartes d'activité 83 à 84 : Test chiffré

Cet exercice permet de mesurer et de travailler l'empan de mémoire des chiffres.

- Découper les étiquettes de la planche et demander aux élèves de se munir d'une feuille ou d'un cahier.
- Présenter la première étiquette (4 chiffres) environ 2 secondes.
- Lorsque l'étiquette a disparu, attendre quelques secondes puis demander aux élèves d'écrire la suite de chiffres retenue.
- Continuer de même avec des étiquettes de plus en plus longues.
- Relever en fin d'exercice l'endroit où commencent les erreurs (en général autour de 7 éléments).

Faire expliquer les stratégies utilisées par les élèves notamment le découpage par tranches de 2 ou 3 chiffres pour optimiser la mémorisation.

F Fiches-élève 78 et 79

- **Test de l'empan des mots**

On procédera comme précédemment en utilisant un système de cache pour masquer les autres lignes de la fiche.

C Carte d'activité 85

Test de capacité visuelle

Dans ce troisième exercice, un texte de 23 syllabes est présenté de manière visuelle pendant une durée d'environ 6 secondes. Lorsque la carte a disparu, demander à l'élève d'évoquer le texte mentalement puis passer à une restitution écrite.

Test de capacité auditive

De la même manière, une phrase d'environ 40 syllabes sera lue à voix haute, posément, à l'élève. Après une petite pause, pour permettre l'évocation mentale, on demande de restituer oralement la phrase entendue.

2. Grouper et organiser l'information

Une première forme d'organisation consiste à grouper les éléments entre eux comme dans la mémorisation de listes de mots ou de chiffres.
Une seconde forme d'organisation consiste à classer les informations en les hiérarchisant et en regroupant celles qui figurent dans la même catégorie.

Fiche-élève 80 : le requin bleu

Dans un premier temps, recopier le texte en le découpant par unité de sens. On pourra également faire surligner dans ces unités de sens les principaux mots-clés. On complétera ensuite la partie droite en résumant à l'aide de ces mots-clés les principales idées du texte.
Un texte ainsi travaillé et mis en forme sera beaucoup plus facile à mémoriser.

3. Reproduire et transposer l'information

Lorsqu'on est amené à reproduire ou à transcrire un document, une information orale ou visuelle, de manière immédiate, on stocke temporairement l'information partielle ou totale dans la mémoire de travail. C'est ce que fait l'élève lorsqu'il copie, mais aussi lorsqu'il reproduit un dessin, un geste, un déplacement, un rythme... Il s'agit alors de **limiter le nombre d'allers et retours** vers l'original pour amener à une **mémorisation plus large,** plus globale et donc plus **signifiante** de l'information.
On sait par exemple que lors d'une copie, un enfant qui ne reproduit l'information que par petites unités lexicales (quelques lettres) commet facilement des erreurs puisqu'il reproduit des données qui n'ont pas de sens.
On amènera donc l'enfant à **globaliser,** à **grouper largement les données,** à **repérer les structures, les analogies,** les familles...

Carte d'activité 86 : transcrire un itinéraire

Le document présente une carte de France avec 12 villes. Ne pas hésiter à rajouter la ville des élèves afin de fournir un point de référence supplémentaire.
L'enseignant (ou un élève) présente la carte et décrit oralement un itinéraire entre plusieurs villes (on peut commencer avec des séries de 6 ou 7 villes).
À l'issue de cette description plusieurs transcriptions pourront être demandées :

- sans la carte, écrire dans l'ordre la liste des villes,
- sur la carte, montrer ou dessiner l'itinéraire.

4. Confronter et comparer l'information

C'est la manipulation-type qui s'opère dans la mémoire de travail : plusieurs informations simultanément présentes sont mises en relation en vue d'un traitement ou d'une synthèse.

De nombreux jeux simples sollicitent cette compétence et permettent d'exercer cette capacité de la mémoire de travail : Mémory, intrus, jeu des différences...

Fiche-élève 81 : différences

Deux jeux classiques. On notera que, dans le jeu N° 1, les objets ont été déplacés dans l'image et ont changé de position.
Ces deux exercices sont chronométrés ce qui permettra de faire émerger l'une ou l'autre stratégie employée par les élèves.

Fiche-élève 82 : les intrus

Voici un deuxième jeu de confrontation où l'on ne recherche plus les similitudes mais la non-appartenance à un critère commun. Ce type de jeu permet de travailler à la fois l'organisation des données et leur confrontation.
Chaque série de 6 images doit être stockée en mémoire immédiate le temps de trouver le critère commun et d'en déduire l'intrus.
Les intrus sont de natures très diverses : catégorie sémantique (a...j), forme lexicale (k, l), nombres (m, n, o).

5. Effectuer des allers et retours avec la mémoire longue

À partir d'une information extérieure, on recherche dans les connaissances établies en mémoire longue, une information associée.

De nombreux jeux mettent en œuvre ce processus : devinettes, charades, jeu du baccalauréat, mots croisés, scrabble...

Fiche-élève 87

Les trois exercices proposés amènent l'élève à effectuer des recherches dans sa mémoire longue à partir d'indices ou d'éléments fournis.

- Le jeu du baccalauréat met en œuvre les mémoires lexicales et sémantiques.
- Le jeu des proverbes mobilise les connaissances déjà stockées par l'élève.

Voici quelques exemples de proverbes qui pourraient être proposés :
Chat échaudé craint l'eau froide.
Une hirondelle ne fait pas le printemps.
Qui vole un œuf vole un bœuf.
Petit à petit, l'oiseau fait son nid.
À bon chat, bon rat.

- Le dernier exercice, permet à l'élève de vérifier ses connaissances sur les tables de multiplication.

Objectif Développer l'empan mnésique

Test de l'empan : listes de mots

Pour les tests :
Ne lire qu'une liste à la fois en cachant les autres à l'aide d'un carton cache.
Lire la première liste une fois, en prononçant lentement chaque mot.
Cacher la liste lue et réciter ou écrire ce qu'on a retenu.
Continuer de la même façon pour les autres listes.
Noter à la fin, le meilleur score obtenu (nombre de mots de la liste la plus longue retenue).

Test A

Meilleur score : .... mots

(3) printemps - justice - compte

(4) pourtant - offrir - ceinture - dehors

(5) pomme - perles - cette - tourner - oiseau

(6) pour - vitre - savant - métier - laisser - après

(7) moins - singe - combien - endormi - planète - cause - bateau

(8) pain - visite - lorsque - précieux - jour - cadre - pauvre - noter

---

Test B

Meilleur score : .... mots

(3) mouette - chaise - postal

(4) cuillère - vendre - surprise - tandis

(5) caserne - technique - grâce - profiter - planche

(6) adresse - comme - étroite - formule - changer - branches

(7) lune - méthode - sortir - saison - publicité - valise - ancien

(8) limite - avant - vendre - bonnet - auteur - laisser - poudre - pays

---

Test C

Meilleur score : .... mots

(3) commerce - courir - soudain

(4) cratère - fontaine - chaque - différent

(5) pilote - vraiment - parfum - changer - facile

(6) parent - nouveau - passer - figure - enfin - cuivre

(7) chemin - moins - rayon - vitre - ainsi - causer - savant

(8) école - cave - donner - moderne - revenir - arbre - semblable - étroit

Objectif Développer l'empan mnésique

Test de l'empan : listes de mots

Pour les tests :
Ne lire qu'une liste à la fois en cachant les autres à l'aide d'un carton cache.
Lire la première liste une fois, en prononçant lentement chaque mot.
Cacher la liste lue et réciter ou écrire ce qu'on a retenu.
Continuer de la même façon pour les autres listes.
Noter à la fin, le meilleur score obtenu (nombre de mots de la liste la plus longue retenue).

Test A

Meilleur score : .... mots

(3) temps - fenêtre - plutôt

(4) trompette - ingrat - voyager - œuf

(5) chauffer - précipice - ensuite - souverain - poitrine

(6) plongeon - outil - pantin - motte - laisser - taxi

(7) râteau - salaire - ensemble - océan - gravier - fromage - expédition

(8) aiguille - encore - langage - galette - attirer - clôture - fourmi - boutique

---

Test B

Meilleur score : .... mots

(3) problème - voulait - lorsque

(4) durable - finesse - moineau - boule

(5) ralentir - morceau - grimpeur - appeler - semestre

(6) sacoche - visage - surgir - rallonge - nougat - minute

(7) procéder - nuque - encore - réservoir - potager - nouvelle - ponton

(8) construire - cependant - éponge - colère - déposer - pirogue - antérieur - pilote

---

Test C

Meilleur score : .... mots

(3) drapeau - informer - ouvrier

(4) encadrer - noisette - primaire - durant

(5) aussitôt - feuille - manquer - roseau - montagne

(6) bouteille - inférieur - murmure - refroidir - dessin - nature

(7) décorer - critique - souffle - cheminée - soudain - location - neutre

(8) lapin - longtemps - repos - porter - tableau - quartier - tambour - astiquer

Objectif Grouper et organiser l'information

Le requin bleu

Le document

Le requin bleu vit en solitaire dans les eaux profondes des mers tropicales, loin des côtes. Sa taille peut atteindre trois mètres pour un poids de 600 kg. Il peut vivre 30 ans.
C'est un nageur parfait, il peut foncer à soixante kilomètres à l'heure, mais pas longtemps. Il ne prend jamais de repos et doit nager tout le temps, sinon il meurt asphyxié : il a besoin du passage de l'eau dans ses branchies pour respirer.
En percevant les vibrations dans l'eau, le requin sait tout ce qui se passe autour de lui, jusqu'à cinq cents mètres de distance. Il sent aussi les odeurs : à la moindre odeur de sang, il fonce !
Le requin bleu a plusieurs rangées de dents, c'est pratique : quand ses dents s'usent, il en a d'autres en réserve !
Le requin bleu n'attaque pas un homme dans l'eau, sauf si l'homme est blessé ou s'il le provoque. Il est moins dangereux que son cousin, le requin blanc.
La femelle peut avoir soixante petits requins d'un coup ! Quand ils naissent, ils ont la taille d'un bébé humain. Ils savent se nourrir tout seuls.

Voici le même texte découpé par unité de sens.	**Les principales idées du texte**
Recopie la fin du texte en le découpant par unité de sens	Continue ainsi
Le requin bleu vit en solitaire	✎ vit dans les mers tropicales
dans les eaux profondes des mers tropicales, loin des côtes.	
Sa taille peut atteindre trois mètres pour un poids de 600 kg.	✎ 3 m/600 kg/30 ans
Il peut vivre 30 ans.	
C'est un nageur parfait,	
il peut foncer à soixante kilomètres à l'heure,	✎ 60 km/h
mais pas longtemps.	
Il ne prend jamais de repos et doit nager tout le temps,	✎ doit nager pour respirer
sinon il meurt asphyxié :	
il a besoin du passage de l'eau dans ses branchies	
pour respirer.	
✎ En percevant les vibrations dans l'eau,	✎ perçoit vibrations et odeurs à 500 m
le requin sait tout ce qui se passe autour de lui,	
jusqu'à cinq cents mètres de distance.	
il sent aussi les odeurs :	
à la moindre odeur de sang, il fonce !	
Le requin bleu a plusieurs rangées de dents,	✎ plusieurs rangées de dents
c'est pratique : quand ses dents s'usent,	
il en a d'autres en réserve !	
Le requin bleu n'attaque pas un homme dans l'eau,	✎ attaque peu l'homme
sauf si l'homme est blessé ou s'il le provoque.	
Il est moins dangereux que son cousin, le requin blanc.	
La femelle peut avoir soixante petits requins d'un coup !	✎ 60 petits d'un coup (taille de bébé)
Quand ils naissent, ils ont la taille d'un bébé humain.	

À l'issue de ce travail, retourne la feuille et raconte tout ce que tu as retenu sur le requin bleu.

Objectif Confronter et comparer les informations

1 - Les deux différences

Dans ces deux dessins tous les objets sont identiques sauf deux qui ont été remplacés par leur homonyme. Lesquels ?

Temps mis : ....

2 - Les dessins identiques

Parmi toutes ces figures, deux sont absolument identiques, trouve-les le plus vite possible.

Temps mis : ....

Objectif **Confronter et comparer** | Les intrus.

Dans chaque liste, il y a un intrus. Lequel ?

On peut toujours accepter une autre solution justifiée par l'élève.

a
- la trousse
- le crayon
- la gomme
- le stylo
- le compas
- le pneu
- la règle

b
- la montagne
- l'océan
- le fleuve
- le dessert
- la rivière
- la colline
- la plaine

c
- la bouche
- le nez
- les lèvres
- le mouton
- les oreilles
- les yeux
- les paupières

d
- bouger
- boucher
- bouquiner
- bouder
- bourdonner
- boulanger
- boucler

e
- gentil
- honnête
- généreux
- souriant
- tricheur
- aimable
- charitable

f
- marcher
- courir
- grimper
- ramper
- punir
- danser
- sauter
- escalader

g
- l'orthographe
- la géographie
- les sciences
- le moustique
- la grammaire
- l'histoire

h
- la racine
- les pétales
- la tige
- la courroie
- la fleur
- les feuilles
- le bourgeon

i
- une cheville
- un tambour
- un clou
- un crochet
- un marteau
- une scie
- une pince

j
- une source
- un affluent
- une embouchure
- une rivière
- une route
- une berge
- un ruisseau

k
- facilement
- hardiment
- gentiment
- récemment
- cruellement
- sincèrement
- lentement
- joliment

l
- samedi
- dimanche
- lundi
- mardi
- mercredi
- jeudi
- vendredi

m
- 583
- 495
- 374
- 276
- 891
- 165
- 396

Pour tous les autres nombres la somme des premiers et derniers chiffres correspond au chiffre du milieu. (2+6 ≠ 7)

n
- 3954
- 6267
- 4315
- 9437
- 6487
- 5026
- 3314

Le premier et le dernier chiffre ne se suivent pas.

o
- 2345
- 1626
- 3094
- 6831
- 8162
- 7430
- 5782

La somme des premiers et des derniers chiffres n'est pas égale à 7.

4375

38942

193568

2541378

63142589

911357924

4689731412

70654932817

2846

61735

326274

5984569

33854706

820635750

9551026854

19454077125

C

Je voyais devant moi
un lac bleu planté d’arbres,
un ours, un roi,
un immense pic rocheux.

Lille
Amiens
Rouen
Caen
Paris
Châlons-
en-
Champagne
Metz
Strasbourg
Rennes
Orléans
Nantes
Dijon
Besançon
Poitiers
Limoges
Lyon
Clermont-
Ferrand
Bordeaux
Toulouse
Montpellier
Marseille
Bastia

Objectif Effectuer des allers-retours vers la mémoire longue

Jeu du Baccalauréat

(d'autres solutions peuvent êtres trouvées)

Trouve cinq noms de métier se terminant par « tier ».

charcu**tier**, bijou**tier**, fores**tier**, charpen**tier**, cafe**tier**

Trouve 4 fruits commençant par les premières lettres de l'alphabet.

ananas, **b**anane, **c**itron, **d**atte

Trouve 5 animaux commençant par ch.

chameau, **ch**at, **ch**eval, **ch**èvre, **ch**enille

Trouve cinq noms de pays se terminant par ie.

Ital**ie**, Russ**ie**, Algér**ie**, Turqu**ie**, Tunis**ie**

Trouve 10 verbes commençant par les premières lettre de l'alphabet.

acheter, **b**ouder, **c**ourir, **d**onner, **e**nvoyer,
fabriquer, **g**agner, **h**urler, **i**miter, **j**ouer

Les animaux en proverbes

Voici un proverbe où il est question d'animaux :

« Quand le chat n'est pas là, les souris dansent. »

Essaie de retrouver d'autres proverbes avec des animaux :
(chat, hirondelle, bœuf, oiseau, loup, ...)

À chaque nombre ses tables

Dans quelles tables de multiplication figurent les nombres 27, 32, 16, 40 et 28 ?
Exemple : 24 est dans les tables de 3, 4, 6 et 8.

	3	4	5	6	7	8	9
24	✗	✗		✗		✗	
27	✗						✗
32		✗				✗	
16		✗				✗	
40		✗	✗			✗	
28		✗			✗		

Les techniques d'association : activités

Dès le plus jeune âge l'enfant empile dans sa mémoire à long terme, dont les capacités sont illimitées, de multiples connaissances apportées par l'école, la famille, mais aussi la télévision. Mais si les connaissances ne sont pas organisées, reliées entre elles, structurées, elles restent confuses et bien souvent inutilisables car une information isolée ne peut être retrouvée par le cerveau.
À travers les techniques d'association, l'enfant apprend à **relier les connaissances** entre elles. Il met ainsi en place de véritables fils conducteurs qui vont lui permettre de baliser le chemin d'accès à l'information. Petit à petit **il édifie ainsi un vaste réseau mémoriel aux multiples connexions facilitant le rappel en chaîne.**
L'enseignant devra donc s'appuyer sur le vécu de l'élève et les connaissances déjà acquises en multipliant les liaisons avec les notions voisines. Ce travail de mise en relation et d'intégration dans un contexte facilitera l'acquisition des nouvelles connaissances.

1. Connaître et manipuler les critères d'association

On élabore des associations d'idées à partir de critères multiples : la forme, la taille, la matière, la ressemblance, l'usage, les critères sémantiques, phonétiques ou logiques. On peut ainsi associer une paire de lunettes et une montre par le critère usage (on utilise les lunettes pour lire l'heure) mais aussi par le critère matière (verre et métal) ou le critère forme.
Mais il est possible d'imaginer des associations complètement artificielles en créant toutes sortes d'images ou d'enchaînements liés à des scénarios issus de notre imagination.

F Fiche-élève 90

- Quatre exercices pour manipuler divers types de critères d'association : sémantiques (points communs, contraires et catégories) et analogiques.

2. Apprendre à fabriquer des associations

Les exercices qui suivent ont pour but de faire prendre conscience de la puissance des techniques d'association. L'élève sera surpris de constater avec quelle facilité il a mémorisé de grandes quantités d'information (plus de 20 éléments) lorsqu'il a créé un lien entre toutes ces informations.

C Cartes 91 à 98 : jeu d'association

On associe mentalement les 4 images de chaque carte en imaginant une mise en scène que l'on fait vivre en lui donnant des couleurs, en l'animant, en la déformant : plus l'association est insolite, drôle, frappante, plus facilement elle sera mémorisée.

- Expliquer l'exercice à l'aide d'un exemple : la bouée, le clown, la brouette et le hérisson.

Il faut fabriquer mentalement une image ou une histoire avec ces quatre objets (le clown promène dans la brouette le hérisson qui a mis sa bouée). Insister pour que cette image soit animée (lorsqu'on ferme les yeux, on la voit bouger).

- Présenter en silence chaque carte (quelques secondes) côté recto et demander aux enfants de procéder à des associations, comme précédemment.
- Lorsque toutes les cartes ont été présentées, faire une petite pause et annoncer qu'on va chercher les images cachées. Retourner le paquet de cartes, montrer le verso et faire retrouver les dessins effacés.

Les enfants seront étonnés par l'efficacité et la facilité de cette technique.

- À la fin de la séance demander à quelques enfants d'évoquer les associations qu'ils ont imaginées.

Variante : associer un lieu et une image (c'est la méthode des lieux).

- Disposer des images ou des mots en différents endroits de la salle : au tableau, sur une table, sur le lavabo…
- Imaginer une association entre l'image et le lieu. Par exemple, pour retenir la liste des mots se terminant en eil, réveil, orteil, soleil… on pose l'image ou le mot réveil dans le lavabo, soleil sur le tableau, orteil sur la table, puis on enlève les images ou les mots et on se remémore ce qu'il y avait à chaque endroit.

3. Développer son imagination pour faire des associations efficaces

On l'a vu dans les précédents exercices, les techniques d'association font largement appel à la visualisation mentale et à l'imagination. Notre mémoire enregistre d'autant mieux les associations qu'elles sont originales, frappantes, colorées, animées, drôles. Lorsque les éléments à associer n'ont pas de critère commun, notre imagination va inventer un scénario fictif ou une association insolite. Les élèves sont très inventifs et adorent fabriquer ce genre de collages parfois surréalistes.

Carte d'activité 101 : technique d'empilage

On peut s'amuser à associer de nombreux éléments en les intégrant dans une image unique. Voici une manière originale de retenir une liste de 10 expressions.

- On présente la carte en demandant aux enfants de retrouver les 10 expressions qu'illustrent les deux personnages. Montrer qu'elles sont toutes reliées par un fil conducteur. Le parcourir.
- Regarder ensuite le dessin silencieusement afin de bien le mémoriser. Fermer les yeux et essayer de revoir toutes les parties de la scène en suivant le fil conducteur.
- Attendre un peu et essayer de retrouver la liste sans l'aide du support, en se remémorant l'image et le fil conducteur.

Illustration de la technique d'empilage : *les 10 expressions de la liste sont « fusionnées » pour former une image unique.*

Cette méthode d'empilage est très efficace, mais la fabrication de telles associations nécessite une excellente imagination et un peu d'entraînement.

Les dix expressions (dans l'ordre du fil conducteur) : *Se mettre sur son trente et un. Avoir un poil dans la main. Avoir une langue de vipère. Avoir le nez en trompette. Casser du sucre sur le dos de quelqu'un. Avoir les cheveux qui se dressent sur la tête. Avoir un mot sur le bout de la langue. Ne pas avoir la tête sur les épaules. Avoir le cœur sur la main. Mettre les pieds dans le plat.*

Fiche-élève 99 : retenir les noms et les visages

Sur le même principe, pour mémoriser le nom d'une personne, son visage et son métier, on va imaginer une association entre ces trois données. On utilisera éventuellement les particularités du nom ou du visage, les analogies sonores ou de petites mises en scènes où l'on empile ces trois informations.

- Découper la fiche, expliquer à l'aide d'un exemple.
- Chercher des critères d'association et imaginer des mises en scène pour les dix personnages.
- Ranger la première partie, distribuer le questionnaire et compléter comme demandé.

4. Pratiquer l'association d'idées

Très formateurs sur le plan de l'expression et de la créativité, les jeux d'association d'idées mobilisent tout le réseau de connaissances de l'élève et favorisent la multiplication des liaisons entre celles-ci.

Fiche-élève 100 : association d'idées

Deux exercices sont proposés sur cette fiche faisant appel l'un à la mémoire sémantique, l'autre à la mémoire lexicale.

Les mots imposés : inventer une histoire avec des mots imposés implique la recherche de points communs susceptibles de fournir la trame à d'un scénario.

Ce travail peut également être intéressant sous une forme collective avec la recherche de l'histoire la plus originale.

Associations phonétiques : il s'agit de rechercher des sonorités communes sur le principe du cortège.

Variante : sur le principe du dernier exercice, on retrouvera toutes les activités de création poétique, avec la recherche de rimes, d'assonances ou de sonorités sur les mots.

Objectif Connaître et manipuler les critères d'association

Le point commun

Pour chaque groupe de mots, trouve le point commun.

un peigne et une scie	les dents	une bicyclette et un magasin	le rayon
un papillon et un avion	les ailes	une abeille et une chaussure	la cire
une couturière et une horloge	l'aiguille	un bulldozer et un papillon	la chenille
un kangourou et une veste	la poche	un arrosoir et un pin	la pomme
un bateau et une mariée	voile	une hache et une chemise	manche
une bicyclette et un paon	la roue	le judo et l'électricité	la prise

Associations en tous genres

Observe l'exemple et associe les contraires.

ouvrir	fermer			
allumer	trouver	éteindre	décorer	éclairer
partir	courir	lancer	revenir	décider
retenir	prendre	gagner	jouer	oublier
chaud	lourd	froid	court	fort

Observe l'exemple et effectue des associations par catégories.

table	meuble			
manteau	chaussure	poche	vêtement	solde
vipère	dents	serpent	venin	boa
râteau	outil	salade	terre	bêche
cerise	noyau	tarte	fruits	arbre

Observe l'exemple et effectue des associations par analogies.

un mouton comme	un nuage			
la neige comme	du goudron	du coton	de la terre	du verre
un gazon comme	du carton	du sucre	une moquette	une ruine
une porcelaine comme	de la dentelle	de la farine	un menhir	du béton

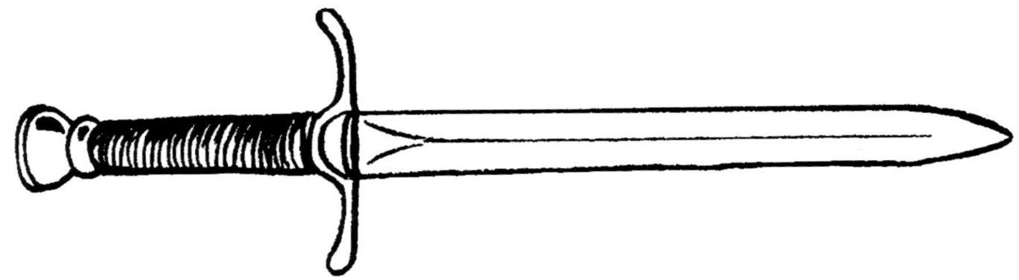

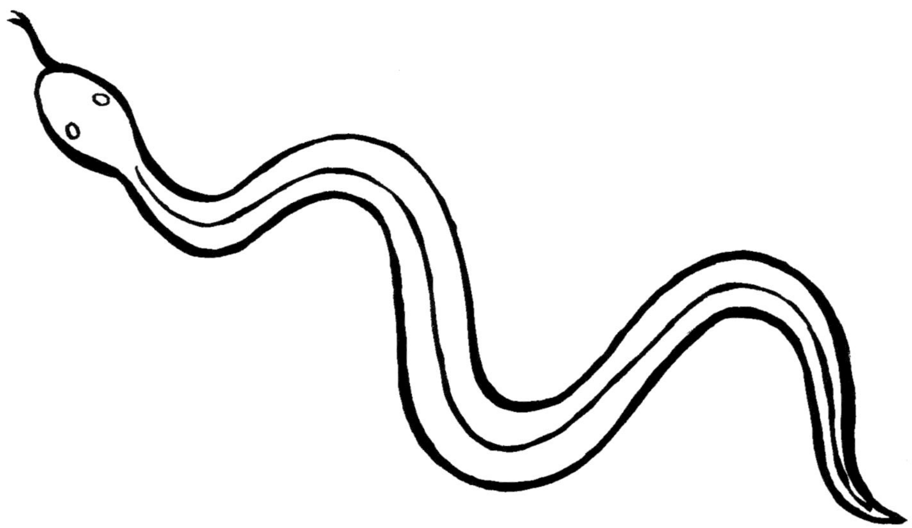

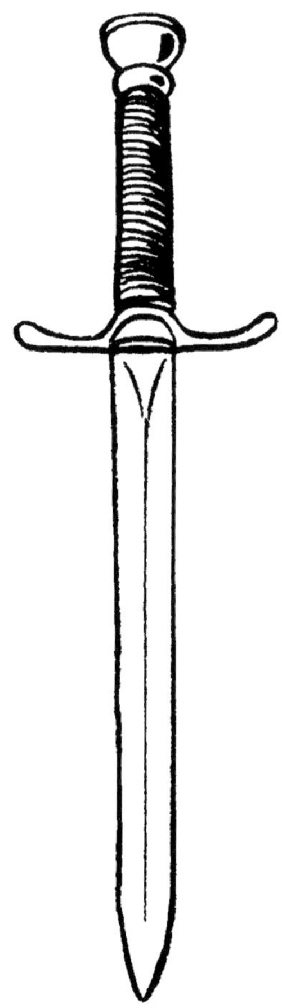

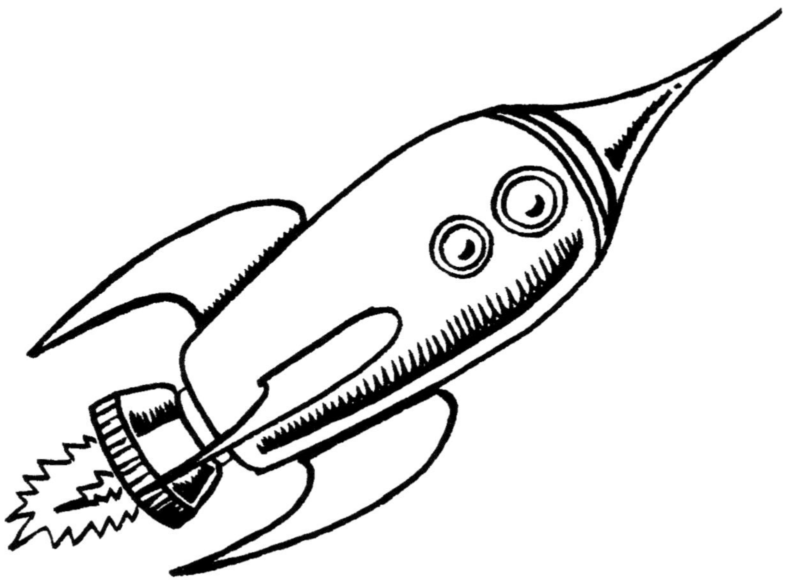

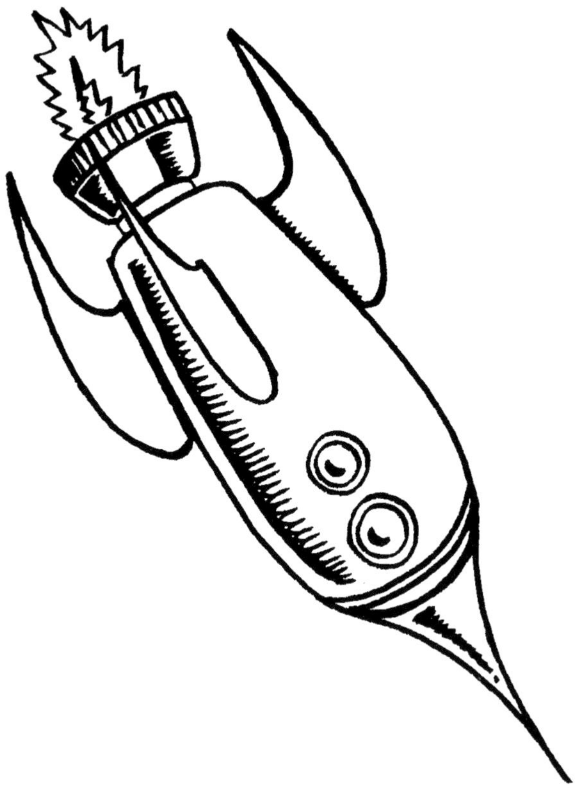

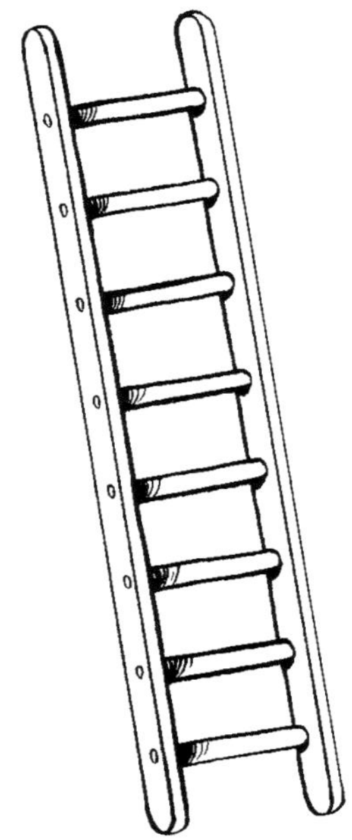

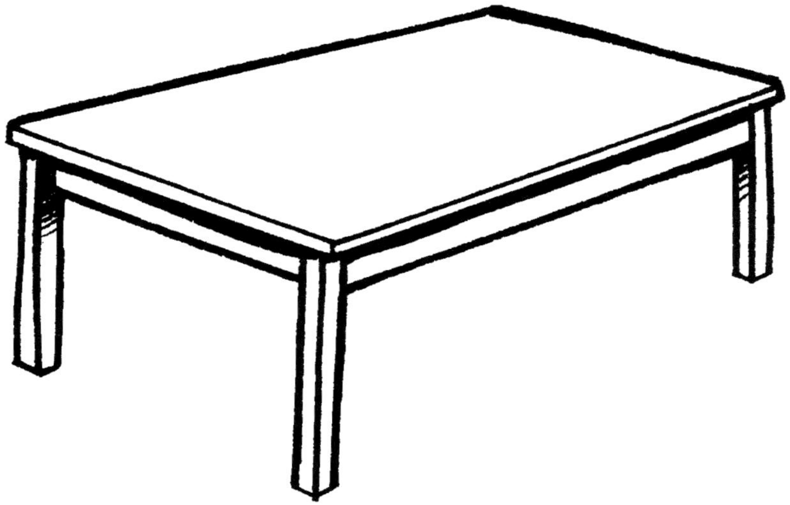

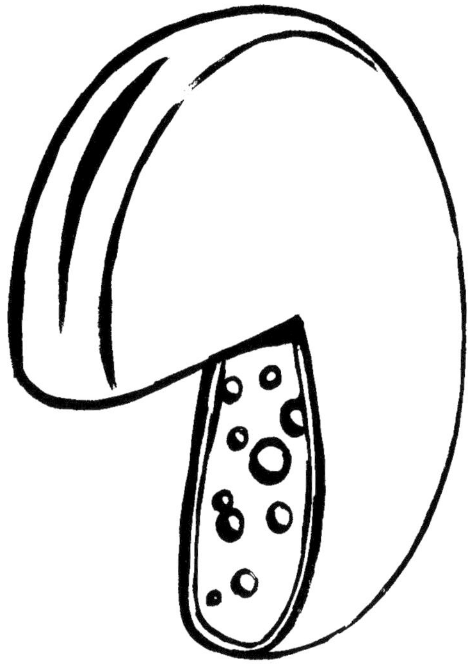

Objectif Développer son imagination

Retenir les noms et les visages

Pour faciliter la mémorisation de toutes ces informations, tu vas imaginer une association entre le visage, le nom et le métier. Par exemple, Émile Poincarré, géographe : son visage n'est pas vraiment carré, son crâne est lisse comme un globe, dans son métier, on parcourt des mille et des mille (Émile).
On peut imaginer tout ceci dans une image amusante : le crâne est remplacé par un globe, le personnage est assis sur une borne avec le nombre 1000…
Procède de même avec les autres personnages.

Émile POINCARRÉ
géographe

Otto MATIC
ingénieur

Mégane PONET
éleveuse

Gaston LABOULE
boucher

Esther RHOL
comédienne

Alexis DUBOIS
bûcheron

Richard LECHELLE
banquier

Jeannot POUPARD
fermier

Manuel LETAILLEUR
assureur

Mathieu LABROUSSE
instituteur

Découper et faire disparaître la partie supérieure avant de répondre

Teste ta mémoire des noms et des visages en répondant aux questions.

Le géographe s'appelle Émile POINCARRÉ.
Esther RHOL est comédienne.
L'assureur s'appelle Manuel LETAILLEUR.
Le prénom de LABROUSSE est Mathieu, son métier, instituteur.
Le nom de Mégane est PONET.

Les reconnais-tu ? Indique les noms, prénoms et métiers sous chaque visage.

Gaston LABOULE
boucher

Richard LECHELLE
banquier

Otto MATIC
ingénieur

Alexis DUBOIS
bûcheron

Esther RHOL
comédienne

Objectif **Pratiquer l'association d'idées**

Les mots imposés

Invente une phrase ou une petite histoire avec chaque série de mots imposés.

Exemple
Mots imposés : espace, extraterrestre, console de jeux

On peut écrire
Des extraterrestres ont traversé l'espace pour prendre ma console de jeux.

À toi de jouer
Mots imposés : poche, yeux, kangourou

On peut écrire

Mots imposés : cheval, parachute, fortune

On peut écrire

Mots imposés : crocodile, locomotive, professeur

On peut écrire

Association phonétique

Invente une suite de 10 mots reliés par la sonorité d'une syllabe commune.

(Le départ et l'arrivée sont imposés).

Exemple
pyja**ma** ▶ **ma**ta**dor** ▶ **dor**lo**ter** ▶ **tél**éphone

À toi de jouer

Éléphant ▶ **fantaisie** ▶ **citron** ▶ **trompette** ▶ **pétard** ▶
tartine ▶ **inaperçu** ▶ **sucette** ▶ **étalée** ▶ éléphant.

Cherche les 10 expressions contenues dans le dessin.

Mémorise le dessin et retrouve les 10 expressions en examinant les personnages de la tête aux pieds.

La structuration : activités

La structuration joue un double rôle dans le processus de mémorisation.
Elle favorise l'acquisition car la mémoire enregistre plus facilement des ensembles organisés que des éléments isolés.
Elle facilite le rappel : les connaissances classées, hiérarchisées, reliées entre elles vont être rangées et indexées dans la mémoire comme dans une bibliothèque. La structure d'un document est un indice précieux pour l'information et son contexte.
Les activités de structuration peuvent être abordés à travers de nombreux jeux et activités de mémoire : classement, rangement, organisation dans l'espace et dans le temps, catégorisation, schématisation, élaboration d'un plan ou d'un organigramme, repérage et exploitation d'une règle ou d'une structure sonore, visuelle ou logique...
Les capacités de structuration de l'enfant seront favorisées s'il est confronté à un environnement organisé : cadre de la classe, systèmes de rangement, organisation des activités dans le temps et dans l'espace, méthodes de travail, règles de vie...
Une structuration interne des connaissances sera difficile à construire dans un environnement externe anarchique.

• • •

1. Savoir repérer la structure d'un document

Ces activités ont pour but de faire découvrir la structure interne d'une information. Elles font largement appel au sens de l'observation, de l'écoute, de la logique.

Fiche-élève 105 : mise à jour des stratégies d'organisation

Les deux documents figurant sur la fiche peuvent être séparés et faire l'objet de deux séances.

- Distribuer la première grille en demandant aux élèves de bien l'observer en vue de la mémoriser. Les élèves peuvent se servir de couleurs pour mieux faire apparaître l'organisation du document. Repérer pendant ce temps les stratégies privilégiées par chaque élève : répéter chaque ligne ou colonne, penser à voix haute, se construire des représentations visuelles ou mentales (yeux fermés), dénombrer...
- Au bout de quelques minutes, faire cacher le document et essayer de compléter la grille vierge.

À l'issue de cette restitution, demander aux élèves d'expliquer les stratégies employées. **Faire émerger** en les coloriant ou en les entourant **les structures sous-jacentes** (suite numérique 1-2-3-4-5 sur la diagonale et la colonne de droite, symétrie centrale de la paire 8-3...).

1	5	3	7	1
5	2	8	7	2
3	8	3	8	3
7	5	8	4	4
1	6	3	9	5

Fiche-élève 106 : structuration spatiale

Elle met en jeu **l'organisation** et le **découpage** d'une **surface ou d'un volume,** les notions de **forme,** de **géométrie,** d'**orientation** et de **distance.**
On procédera comme précédemment.
Il est conseillé de fractionner la fiche et de réaliser les différentes grilles séparément.

Fiche-élève 107 : structuration logique

Il s'agit cette fois de repérer **la règle de construction, l'organisation logique** d'un document.
On peut ainsi mettre en évidence des structures faisant apparaître la répétition, la progression, la symétrie, les propriétés numériques en faisant intervenir la déduction, l'association d'arguments, une suite logique de faits.

- Observer chaque ligne, trouver la règle et l'appliquer pour terminer la ligne.

Plusieurs suites jouent sur des déplacements combinés de plusieurs motifs.

Carte d'activité 102 : structuration verbale

Il s'agit de mémoriser une liste de mots ou d'éléments en effectuant un classement à partir de critères **sémantiques** (catégories, thèmes…) **ou lexicaux** (classement alphabétique, rimes, allitérations, analogie sonore…) À l'aide de la carte, nous allons mémoriser une liste d'éléments en les classant à partir de critères sémantiques.

- Présenter la carte environ 30 secondes en demandant de classer et de regrouper mentalement les objets à partir de critères communs (ici on a 3 catégories : habillement, alimentation, outils).
- Attendre un peu et essayer de retrouver de mémoire les 15 objets.

Les élèves remarqueront que le classement favorise la mémorisation.

Exercice de vivacité mentale

Rechercher tous les mots de 2 à 5 lettres (on peut en trouver plus de 70) en utilisant les lettres du mot « orchestre ».
Exemple : or, cor, rose, reste…
Une bonne activité pour mobiliser ses mémoires lexicales et sémantiques.

Structuration rythmique

Dans les activités précédentes, nous avons surtout travaillé avec des documents visuels. Il est important de proposer également des exercices mettant en œuvre la **mémoire auditive** et la **structuration temporelle :** repérer un rythme, le reproduire avec ses mains, avec son corps, le transposer graphiquement ou gestuellement… Ces activités sollicitent simultanément les mémoires visuelles, auditives et kinesthésiques en mobilisant fortement l'attention.

2. Savoir organiser les données

L'élève est amené à utiliser des systèmes de classement en fonction de critères donnés. Dans la vie de la classe, de nombreuses occasions peuvent être exploitées : ranger des objets par catégories, les livres par thème, par numéro ou par ordre alphabétique, découvrir les classements multicritères, notamment à l'aide de schémas (tableaux, arbres), comprendre et reproduire la structure d'un document (recette de cuisine, article de journal…).

3. Savoir construire des représentations schématiques

Fiche-élève 108 : utiliser les abréviations

On s'intéresse ici à la structure interne du mot sous la forme d'un squelette de lettres caractéristique du mot.
On fabrique ainsi une forme abrégée du mot qui constitue un indice de rappel.
On peut également utiliser le document pour un deux - ième exercice de classification.

- Niveau 1 : arbres, sentiments, meubles, fêtes.
- Niveau 2 : oiseaux, vêtements, légumes, vertus.

Fiche-élève 109 : la vie dans une ruche

Ce texte sur la vie des abeilles fourmille d'informations qui se prêtent particulièrement bien à un traitement structuré sous la forme d'un tableau à deux entrées.
L'activité pourra se pratiquer en trois temps.

- Traitement des informations et rangement dans le tableau.
- Confrontation des données concernant les différentes sortes d'abeilles : points communs, différences.
- Mémorisation de la structure du tableau et des informations contenues dans le tableau.

La restitution se fera sous une forme libre, l'élève étant invité à prendre appui mentalement sur le tableau.
On constate que les informations ainsi rangées sont beaucoup plus faciles à retenir. D'autre part le simple fait d'avoir manipulé les données et transformé la matière-texte contribue fortement à la mémorisation.

Variante : ne pas fournir le tableau et demander aux élèves de le concevoir eux-mêmes. L'élève, de la sorte, crée lui-même la structure adaptée au document. C'est un objectif qu'il convient de viser dans un deuxième temps.

Objectif Mise à jour des stratégies d'organisation

Observe bien chaque grille et son organisation.
Lorsque tu l'as mémorisée, replie la feuille et reproduis-la sur le quadrillage.

1 - La grille de chiffres

1	5	3	7	1
5	2	8	7	2
3	8	3	8	3
7	5	8	4	4
1	6	3	9	5

2 - La grille de lettres

i	Q	U	M	E
H	P	T	L	D
G	O	S	K	C
F	N	R	J	B
E	M	Q	i	A

Objectif Repérer et mémoriser des structures spatiales

Grilles spatiales

Observe bien chaque grille et son organisation.
Lorsque tu l'as mémorisée, replie la feuille et reproduis-la sur le quadrillage.

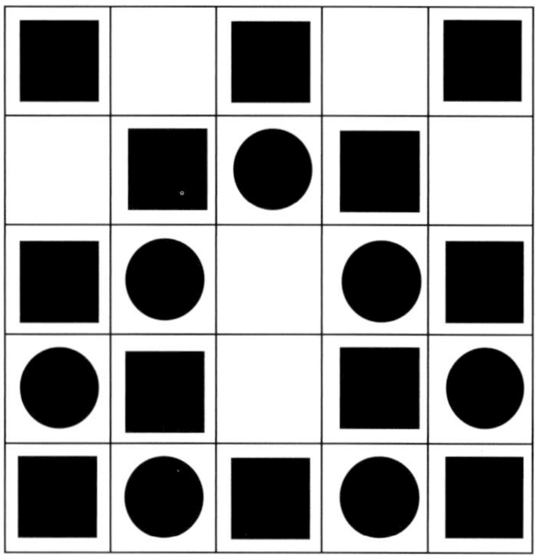

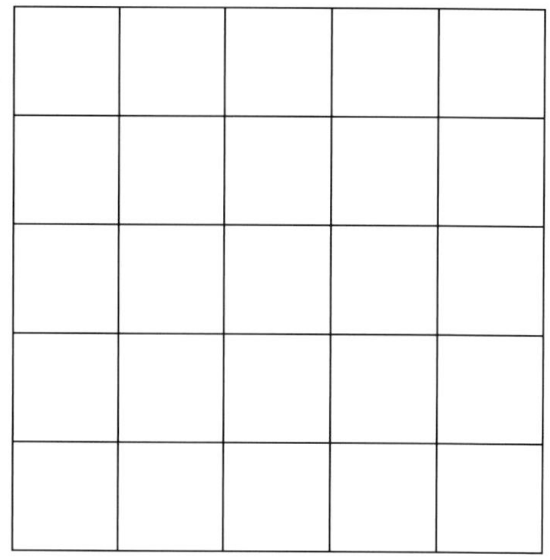

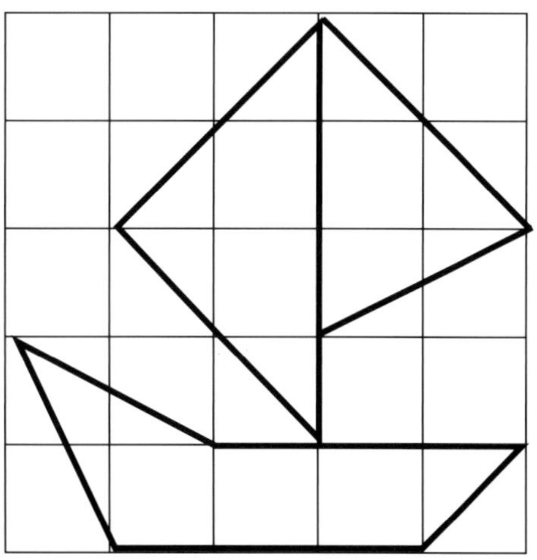

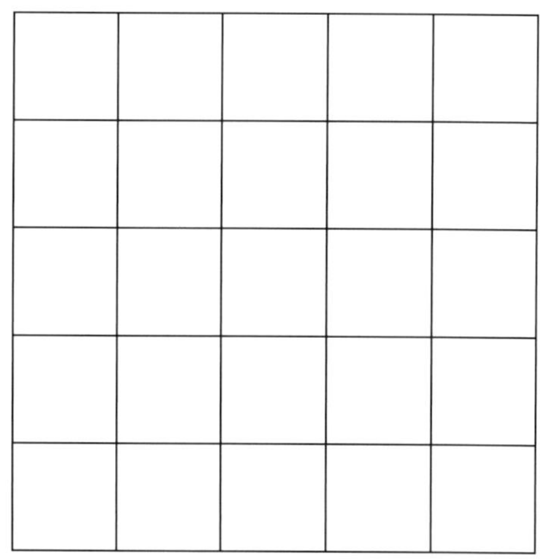

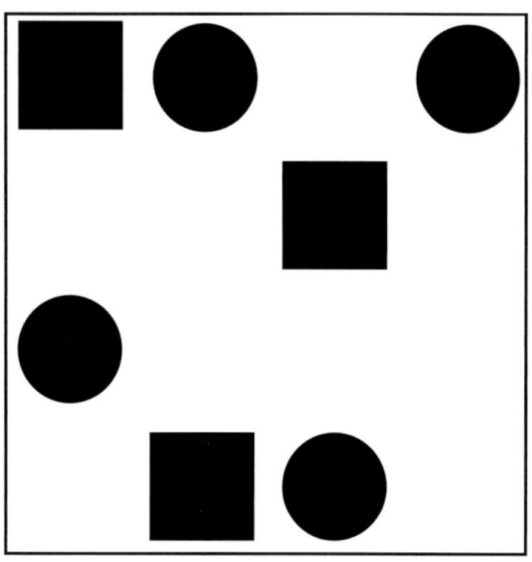

Objectif Identifier des structures logiques

Suites logiques

Observe bien ces différentes suites de 4 dessins puis coche à droite, le dessin qui complète logiquement chaque série.

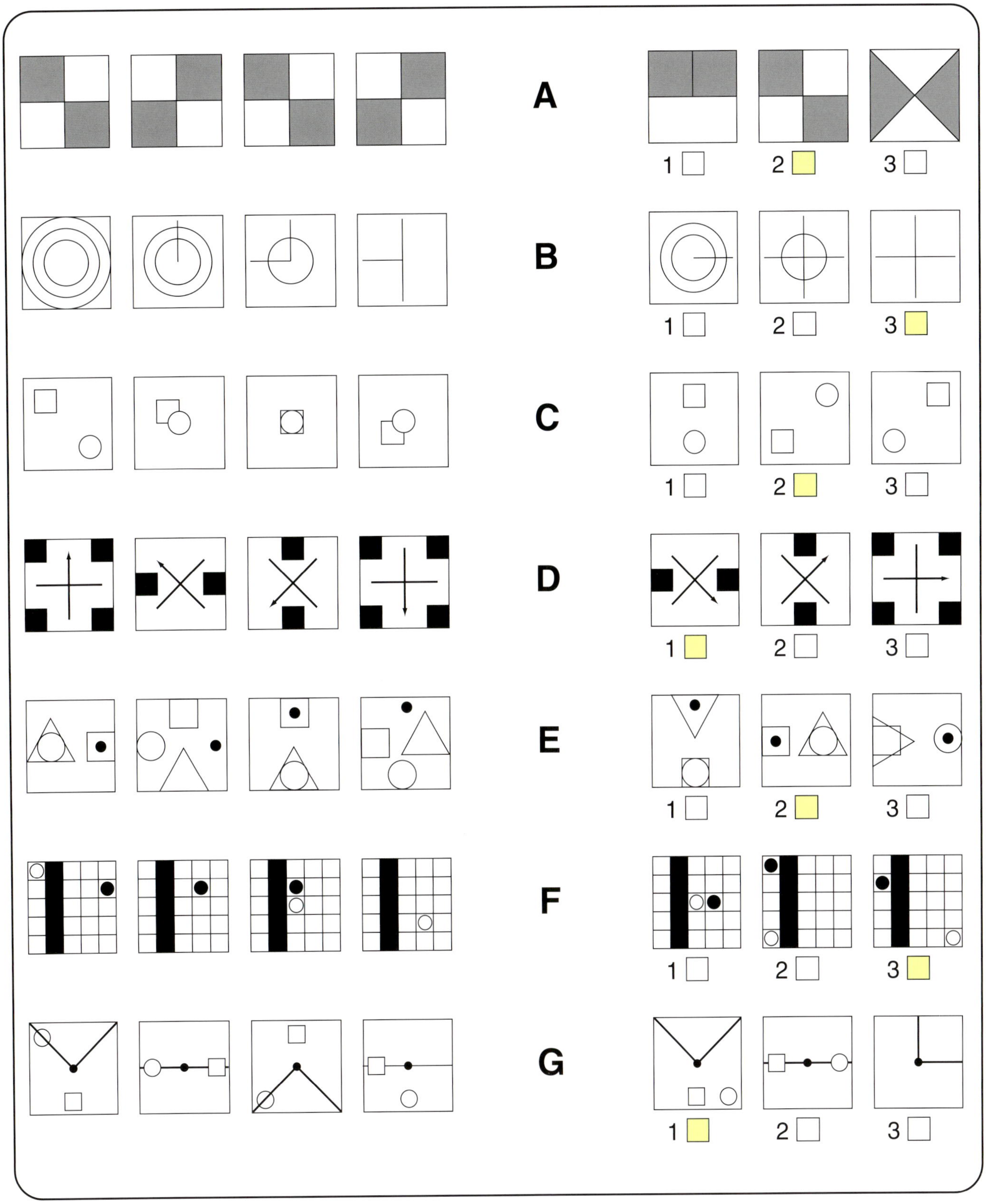

Objectif Savoir construire des représentations schématiques

Abréviations

Premier exercice

- Choisis une liste.
- Lis la colonne A.
- Cache la colonne A et retrouve les mots à partir de leurs abréviations.
- Cache les colonnes A et B et retrouve les mots à partir des abréviations en désordre.

Niveau 1

A	B	C
marronnier	mrn	chs
armoire	arm	trst
carnaval	crn	clr
sapin	spn	ppl
tristesse	trst	cft
table	tbl	msq
confetti	cft	mrn
fauteuil	fau	ogr
colère	clr	arm
peuplier	ppl	spn
chaise	chs	crn
masque	msq	jls
oranger	ogr	tbl
jalousie	jls	fau

Niveau 2

A	B	C
hirondelle	hrl	cnd
pantalon	ptl	mnt
colombe	clb	chms
carotte	crt	sgs
veston	vst	hrdl
courage	crg	clb
salade	sld	ptl
alouette	alt	crg
chaussettes	chst	crt
cigogne	cgn	hrc
générosité	gnrs	hntt
chemise	chms	gnrs
sagesse	sgs	alt
manteau	mnt	cgn
honnêteté	hntt	vst
canard	cnd	sld
haricot	hrc	chst

Exercice de mémorisation par groupement

- Choisir une des deux listes.
- Lire la liste des mots en les regroupant par catégories ou par thèmes (animaux, meubles...).
- Retourner la fiche et écrire de mémoire le maximum de mots classés.

Objectif **Savoir construire des représentations schématiques**

La vie dans une ruche

Lis bien ce texte puis range dans le tableau les informations qu'il contient.

Les abeilles vivent dans une ruche ou dans les arbres. Une seule ruche peut abriter jusqu'à cinquante mille abeilles. Comme les fourmis, les abeilles sont des animaux sociaux. Elles sont obligées de vivre en colonie très organisée, formée d'ouvrières, de faux-bourdons (quelques centaines) et d'une seule reine.
Les ouvrières sont plus petites que la reine ou le faux-bourdon. Elles possèdent des sacs sur les pattes arrières, pour récolter le pollen et ont sur le ventre, des glandes pour fabriquer la cire.
Au cours de sa courte vie (environ 45 jours), l'ouvrière fait plusieurs métiers : elle nettoie les cellules, nourrit les larves, range le pollen et le nectar dans les alvéoles, ventile la ruche en agitant rapidement ses ailes, construit les rayons avec la cire qu'elle produit et défend le trou de vol pour chasser les intrus. Jusqu'à la fin de sa vie, elle butine, porte l'eau et récolte du pollen et du nectar.
Les mâles, aussi appelés faux-bourdons, ont de gros yeux qui se touchent presque et un abdomen large. Ils n'ont pas de sac pour récolter le pollen.
Les faux-bourdons ne servent que pour la reproduction et vivent environ 50 jours. Ils sont incapables de se nourrir eux-mêmes (les ouvrières les nourrissent) et ils n'ont pas de dard pour protéger la ruche.
La femelle ou reine a les yeux étroits et un corps plus mince. Elle ne possède pas non plus de sac pour récolter le pollen et n'a pas de glandes pour fabriquer la cire. Il n'y a qu'une seule reine dans la colonie. Quelques jours après sa naissance, elle s'envole pour la seule fois de son existence pour être fécondée par quelques faux-bourdons. Elle occupera le reste de ses jours (4 à 5 ans) à pondre jusqu'à 2 000 œufs par jour !

Le tableau à compléter

Type d'abeille	 **Ouvrières**	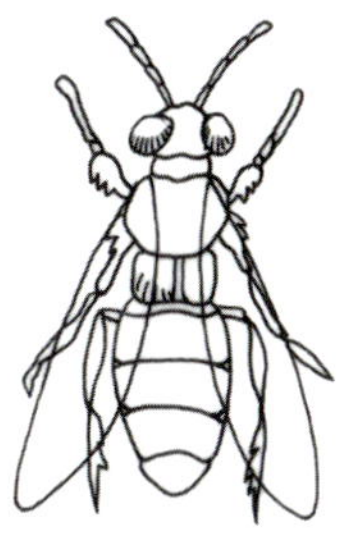 **Faux-bourdons**	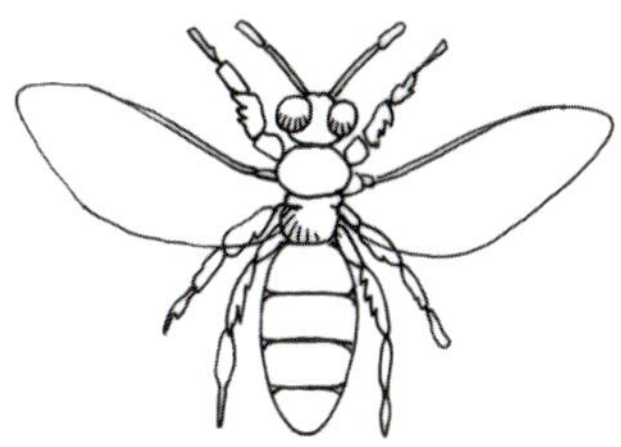 **Reine**
Description	petites sacs de pollen, glandes pour la cire	gros yeux pas de dard abdomen large pas de sac ni de glande	yeux étroits corps mince pas de sac ni de glande
Temps de vie	45 jours	50 jours	4 à 5 ans
Nombre	environ 50 000	quelques centaines	une seule
Rôle	nettoie, et range nourrit les larves ventile la ruche construit les rayons défend la ruche butine le pollen et le nectar porte l'eau	fécondent la reine	pond jusqu'à 2000 œufs par jour

La mnémotechnie : activités

Les principes mis en œuvre par la mnémotechnie sont aussi multiples qu'ingénieux. La plupart du temps, ils sont basés sur le renforcement de perceptions, la création d'images, de sonorités ou de phrases-clés, sur des techniques de réduction et d'abréviation et sur des codages pour traduire les informations difficiles à mémoriser.
Toutes ces techniques ne sont pas applicables au quotidien ni forcement adaptées à chacun. Leur étude intéressera cependant nos élèves, développera leur ingéniosité et leur fera découvrir des pistes qu'ils pourront intégrer lors de certains apprentissages.

1. Savoir décrypter un code

De nombreux systèmes de code sont aujourd'hui employés : pictogrammes, panneaux du code de la route, mais aussi conventions diverses ou abréviations. Il n'est pas inutile de les familiariser avec ces éléments de langage.

Fiche-élève 111 : décrypter un code

Le code secret
Le décryptage de codes où les lettres sont remplacées par des signes met en œuvre des stratégies multiples amenant à s'interroger sur l'aspect lexical : fréquence de certaines lettres, séquences de lettres possibles ou impossibles, place des voyelles et des consonnes. Quelques lettres sont déjà fournies pour faciliter le début de la recherche.
Une des premières opérations consiste à placer les lettres connues dans tous les mots où le signe correspondant apparaît. Les indices sont alors assez nombreux pour identifier certains mots.
Les abréviations
L'élève est souvent confronté à diverses formes d'abréviations : grammaire, prise de notes, sigles, petites annonces…
La fiche résume les principales règles utilisées pour abréger un mot. Elle fournit une liste d'exemples et propose le décodage de trois petites annonces.

Variante : la méthode des initiales. Elle peut prendre diverses formes, par exemple celle d'un acrostiche, petit poème où les premières lettres de chaque ligne forment un mot. Les élèves s'amuseront beaucoup à en inventer.

Lire
Imaginer
Voir
Regarder
Écrire

2. Savoir utiliser une méthode de codage des nombres

Les données numériques sont les plus difficiles à retenir, aussi a-t-on inventé des systèmes de code à base d'associations sonores ou visuelles. Voici un exemple de code qui fait appel à l'analogie sonore et visuelle.

Fiche-élève 112 : codage des nombres

Dans la première partie, on utilise un code symbolique sonore. Les chiffres sont remplacés par un mot présentant une analogie visuelle et sonore. Exemple : 1 nez
- Mémoriser d'abord le code à la manière d'une comptine.
- Lorsqu'on utilise le code, on transforme un nombre en une suite de dessins que l'on associe.
- Essayer de mémoriser quelques dates connues avec ce code.

Pour que le procédé soit efficace, il importe d'associer également l'événement avec le dessin-date.

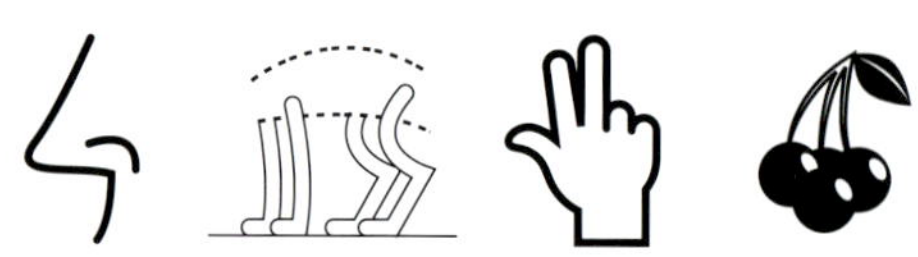

1 4 3 6

L'invention de l'imprimerie

Dans la deuxième partie de la fiche, on utilise l'alphabet des consonnes. Cette fois-ci chaque chiffre est remplacé par une consonne.
Plus difficile, ce système demande une certaine pratique. On commencera par s'entraîner à mémoriser quelques dates célèbres.

Objectif Savoir décrypter un code

1. Le code secret

Chaque lettre a été remplacée par un dessin. Les lettres déjà placées sur la grille t'aideront à décrypter ce message.

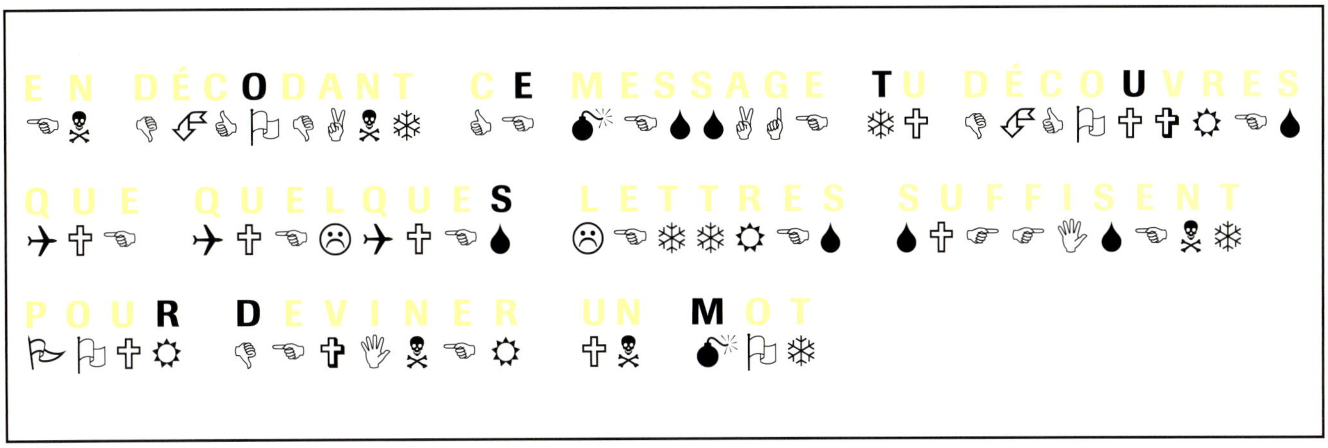

2. Les abréviations

Lorsqu'il faut prendre des notes, annoter un texte, rédiger une petite annonce, on cherche à gagner du temps et de la place.
On utilise alors une forme abrégée du mot : l'abréviation.

Quelques règles pour abréger un mot.

Pour un mot très employé

- on peut ne garder que la première lettre : n. -> nom p. -> page

Le plus souvent, on peut garder :

- la 1re syllabe + la consonne qui suit adj. -> adjectif
- la 1re lettre de chaque syllabe tt. -> tout
- la 1re lettre du mot et la dernière syllabe pces -> pièces
- la 1re syllabe et la dernière lettre du mot appt. -> appartement

Pour les mots composés, on peut garder :

- la 1re lettre de chaque partie du mot r.v. -> rendez-vous
- la 1re syllabe de chaque partie Nouv. Zél.

Essaie de décoder ces trois petites annonces (demandes d'emploi). Recopie-les en entier.

Quelques abréviations usuelles

adj.	-> adjectif
adv.	-> adverbe
anc.	-> ancien
apr.	-> après
appt.	-> appartement
asc.	-> ascenseur
av.	-> avant
auj.	-> aujourd'hui
ch.	-> cherche
chap.	-> chapitre
déf.	-> définition
div.	-> divers
dr.	-> droite
g.	-> gauche
J.F.	-> jeune femme
J.H.	-> jeune homme
hres	-> heures
pers.	-> personnes
pl.	-> place
R.D.V.	-> rendez-vous
rte	-> route
vds	-> vends
vx	-> vieux

J.H. sobre, sér. trav. ch. pl. serveur qual. à l'an. ou sais. Étudie ttes prop. si poss. avec logt. Tél. 04 66 64 33 33

J.F. ch. ts. les matins hres ménage, garde enf. ou pers. âgées.
Tél. a.m. 05 67 34 56 78

J.F. 24 a. T.B. prés. ch. pl. secr. bil. angl. disp. imm. Tél. 06 75 99 66 de 8 à 14 heures.

Jeune homme sobre, sérieux et travailleur cherche place serveur qualifié à l'année ou en saison. Étudie toutes propositions si possible avec logement. Téléphone 04 66 64 33 33

Jeune fille cherche tous les matins heures de ménage, garde enfants ou personnes âgées.
Téléphone l'après-midi 05 67 34 56 78

Jeune fille 24 ans, très bonne présentation, cherche place secrétaire bilingue anglais, disponible immédiatement
Tél. 06 75 99 66 de 8 à 14 heures.

Objectif **Savoir utiliser une méthode de codage des nombres**

Les chiffres codés en mots

Pour mieux retenir les nombres, on utilise souvent des systèmes de codes où l'on transforme les nombres en dessins ou en mots, plus faciles à mémoriser.

Dans ce code, on remplace les chiffres par des mots ayant une sonorité voisine.

1 7 8 9

Pour retenir un nombre, on fabrique une image où l'on empile la suite de dessins. Par exemple, pour retenir la date 1789 il te suffit de mémoriser ce dessin. (nez-chaussette-truite-œuf)

Tu peux apprendre facilement ce code à la manière d'une comptine.

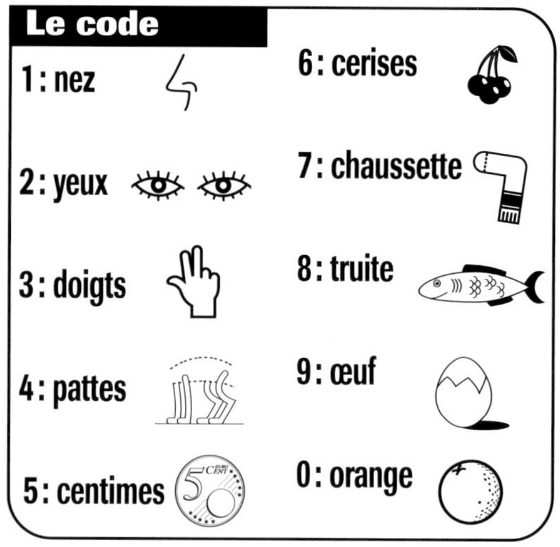

De la même manière, imagine un dessin pour mémoriser les dates suivantes:

1436 (invention de l'imprimerie)	**1957** (naissance de la C.E.E.)

L'alphabet des consonnes

Voici un deuxième système où chaque chiffre est remplacé par une consonne (les mots-clés facilitent la mémorisation du code).

Pour se servir du code:

- remplacer les différents chiffres composant le nombre par les consonnes du code,

ex. 952 = P.L.N. ou B.L.N.

- remplir les espaces entre les consonnes avec des voyelles pour former un mot ou une phrase,

952 - PLAINE ou BALEINE.

code	***mot-clé***
1 : **t** ou **d** (un jambage)	thé
2 : **n** (2 jambages)	nid
3 : **m** (3 jambages)	mât
4 : **r** (phonème de quatre)	roi
5 : **l** (50 en chiffre romain)	lit
6 : **j**, **g** ou **ch** (boucle du 6)	chat
7 : **k**, **c** ou **qu**	cassette
8 : **f** ou **ph** (2 boucles)	fuite
9 : **p** ou **b** (1 boucle)	pain
0 : **s** ou **z** (début de zéro)	seau

Pour mémoriser ces dates d'histoire, on a fabriqué une phrase.
Le dernier mot permet de retrouver la date en appliquant l'alphabet des consonnes.

Apprends ces phrases et entraîne-toi à retrouver la date à partir du dernier mot.

- *Bataille de Soissons: Clovis prit sa REVANCHE (R.V.C. = 486).*
- *Bataille de Crécy: Perdue par Philippe VI, elle permit aux anglais de continuer leur MARCHE (M.R.C.H. = 346 soit 1346 car on peut ignorer le millésime).*
- *Bataille de Valmy: Valmy couronna une heureuse CAMPAGNE (C.P.N. = 792 soit 1792).*
- *Bataille d'Austerlitz: Cette bataille coûta 20 000 FUSILIERS (F.S.L. = 805 soit 1805).*
- *Bataille de Waterloo: Pour l'empereur, elle fut FATALE (F.T.L. = 815 soit 1815).*

Invente toi aussi des phrases pour des dates que tu souhaites mémoriser:

732 : Charles Martel bat les arabes à Poitiers.

1214 : Philippe Auguste bat les princes d'Angleterre à Bouvines.

La répétition : activités

Les techniques de mémorisation par répétition sont largement pratiquées et adaptées à l'enfant qui aime répéter, imiter, reproduire des mots, des phrases, des rythmes ou des mélodies.
La répétition est aussi à la base de nombreux apprentissages sensori-moteurs (apprendre à rouler à vélo, à nager, à faire un nœud, à jongler, reproduire un tour ou un geste technique…) qui concernent la mémoire procédurale.
La répétition est d'autant plus efficace qu'elle est active : il faut multiplier les approches sensorielles, varier les contextes, transposer les données, utiliser des outils répétiteurs comme les grilles ou les indices de rappel.

• • •

1. Répéter en vue d'un apprentissage

Ce sont tous les **savoir-faire** qui font largement appel à la **mémoire kinesthésique** (mémoriser un geste ou un mouvement) associés à la **mémoire visuelle** (perception de l'espace) et **auditive** (consignes, rythmes, musique…).
De nombreuses situations de la vie quotidienne nécessitent un apprentissage par répétition : s'habiller, nouer ses lacets, sauter à la corde, rouler à vélo…
Les activités d'EPS offrent de multiples situations d'apprentissage et de mémorisation faisant appel à la coordination, à la motricité, à la structuration spatio-temporelle : gestes de gymnastique, jonglages, mémorisation d'un parcours…
Tous ces apprentissages sont basés sur l'imitation, mais aussi la progressivité, la décomposition des opérations, des répétitions et des mises en situations variées pour faciliter ou affiner le geste.

2. Savoir découper et transposer les données à mémoriser

Pour apprendre efficacement par répétition, il faut procéder par étapes en respectant un découpage précis.

Fiche-élève 114 : apprendre un poème

La technique appliquée ici est celle de la répétition fragmentée :
- je lis le poème entier en me voyant le réciter,
- j'apprends par étapes,
- je m'auto-évalue.

Veiller à varier les canaux sensoriels : lire silencieusement, à voix haute, se faire lire.

3. Savoir multiplier les approches

C'est le principe de la répétition active. Au lieu de répéter à l'identique, comme un perroquet, on transforme la matière et on combine plusieurs actions : écrire, épeler, animer, fabriquer des outils répétiteurs…

Fiche-élève 115 : retenir l'orthographe

La technique de la répétition active s'applique bien pour la mémorisation de l'orthographe de mots difficiles :
- j'utilise tous mes sens,
- j'explore les significations du mot,
- j'utilise des règles simples,
- je fais vivre le mot.

Fiche-élève 116 : utiliser des outils répétiteurs

Une autre technique pour apprendre par cœur un poème ou un texte consiste à utiliser des grilles d'indices de rappel progressives.

4. Savoir planifier les méthodes de révision

Pour que la mémoire à long terme conserve définitivement les informations, il est nécessaire de prévoir des révisions périodiques. On pourra proposer quatre ou cinq révisions de plus en plus espacées :
- dans l'heure qui suit,
- en fin de journée,
- à la fin de la semaine,
- la semaine suivante,
- à la fin du mois.

Objectif Savoir découper et organiser les données

Apprendre par cœur un poème

Voici une technique : la répétition fragmentée. Suis bien les étapes.

Lis d'abord le poème en entier en imaginant que tu le récites à la classe.

Apprends la première partie :
- lis une ligne, ferme les yeux et répète-la ;
- si tu la sais, passe à la ligne suivante, sinon relis encore une fois.

Lorsque tu es arrivé à la fin de la première partie, tu révises les 8 lignes :
- tu caches le texte et tu récites ce que tu sais de la première ligne,
- tu découvres la ligne et tu soulignes les erreurs à l'aide d'un crayon,
- s'il y a trop d'erreurs, reprends au début.

Si tu as réussi, passe à la deuxième partie en procédant comme pour la première.

Heures d'amitié

1

Douceur
Je dis : douceur.

Je dis douceur des mots
Quand tu rentres le soir du travail harassant
Et que des mots t'accueillent
Qui te donnent du temps.

Car on tue dans le monde
Et tout massacre nous vieillit.

2

Je dis : douceur
Pensant aussi
À des feuilles en voie de sortir du bourgeon,
À des cieux, à de l'eau dans les journées d'été,
À des poignées de main.

Je dis : douceur, pensant aux heures d'amitié,
À ces moments qui disent
Le temps de la douceur venant pour tout de bon.

Cet air tout neuf,
Qui pour durer s'installera.

Eugène GUILLEVIC. Terre à bonheur. Seghers

Note ici l'heure où tu commences :

___h____mn____s

Note le temps mis pour mémoriser les 8 premières lignes :

___h____mn____s

Note ici l'heure où tu commences la deuxième étape :

___h____mn____s

Note le temps mis pour mémoriser ces 10 lignes :

___h____mn____s

Objectif Mémoriser en multipliant les approches

Retenir l'orthographe d'un mot

Pour retenir l'orthographe d'un mot, tu obtiendras un meilleur résultat en combinant et en multipliant les actions (écrire, voir, épeler, animer, répéter…).

Ce que tu peux faire :

Utilise tous tes sens.

Photographie le mot pour le revoir les yeux fermés.

Épelle le mot oralement puis mentalement (dans la tête).

Essaie d'écrire le mot de mémoire et vérifie. Recommence en cas d'erreur.

Explore les significations du mot.

Donne-lui du sens en l'utilisant dans une expression, en cherchant un mot dérivé ou son origine.

Utilise des règles simples.

Exemple : entre 2 voyelles « s » se prononce « z ».

Tu peux aussi associer des mots présentant les mêmes difficultés (réveil, orteil, soleil…).

Fais vivre le mot.

Mets en valeur les bizarreries et les particularités du mot.

Tu peux les encadrer avec une couleur vive et les faire clignoter mentalement.

Imagine un dessin dans le mot.

Tu peux aussi inventer un truc ou une histoire :

« toujours a toujours un s »
« l'accent de la cime est tombé dans l'abîme ».

Exercice 1. Explore les significations

Complète le tableau d'après les exemples.

le mot à retenir *(colorier les cases)*	**un mot dérivé** *(même famille)*	**une expression**
profond	profondeur	un puits profond
débarras	débarrasser	ranger un débarras
impatient		
souterrain		
vagabond		
thermomètre		
accord		
rapport		
respect		

Exercice 2. Invente un « truc »

Imagine un dessin, une comptine ou une phrase qui vont t'aider à mémoriser l'orthographe du mot.

le mot	**le dessin dans le mot**	**une phrase**
culo**tt**e		
de**h**or**s**		
quan**d**		
pai**ll**e		

Objectif Savoir utiliser des outils répétiteurs

Apprendre par cœur un poème

Pour utiliser la technique des grilles d'indices de rappel, procède comme suit.

Étudie successivement chaque grille. N'en regarde qu'une à la fois en cachant les autres.

Lis bien la grille N° 1 en associant chaque phrase à une image. Cache ensuite cette grille.

Passe à la grille N° 2. Pour retrouver les mots effacés, souviens-toi des images du N° 1.

Si tu as réussi continue de même avec les grilles N° 3 et 4.

Après avoir réussi la grille N° 4, tu dois pouvoir réciter le poème sans la feuille.

Les grilles d'indices de rappel

1

Le pécari ahuri

J'avais écrit un poème.
Un pécari ahuri
qui passait par là, sans gêne,
renverse mon encrier.
Je me suis mis à crier :
« Ce n'est vraiment pas poli,
pécari trop ahuri,
et je vais vous étriller ! »

Claude ROY

2

Le pécari -----

J'avais écrit un -----.
Un pécari -----
qui passait par là, sans ----,
renverse mon -------.
Je me suis mis - ----- :
« Ce n'est vraiment --- ----,
pécari trop -----,
et je vais vous -------- ! »

Claude ROY

3

Le ------ -----

J'avais ----- -- -----.
Un ------ -----
qui passait --- --, sans ----,
renverse --- -------.
Je me ---- --- - ----- :
« Ce n'est -------- --- ----,
pécari ---- -----,
et je ---- ---- -------- ! »

------ ---

4

-- ------ -----

J'----- ----- -- -----.
-- ------ -----
qui ------- --- --, sans ----,
-------- --- -------.
Je -- ---- --- - ----- :
« Ce -'--- -------- --- ----,
------ ---- -----,
et -- ---- ---- -------- ! »

------ ---

Le rappel et la concentration

La qualité du rappel dépendra avant tout des outils qui auront été utilisés lors de la mémorisation. Si nous avons bien organisé et balisé l'accès à l'information à travers des liens, des indices ou un classement, nous disposons d'un fil conducteur précieux pour la mémoire.
Pour mémoriser des données complexes, on construit de véritables **plans de rappel** sous forme de **schémas, de mots-clés ou de procédés mnémotechniques**.
On trouvera deux exemples de plan de rappel pour retenir l'essentiel d'un document dans les fiches 121 et 122. Dans le premier cas, on a établi un schéma où les indices sont les mots-clés du texte, dans le second on utilise un plan de récupération basé sur une suite de questions-type.

1. Être capable de se concentrer pour traiter ou retrouver une information

La concentration consiste à se focaliser sur une tâche très précise en faisant abstraction de tout le reste. Notons que tous les gestes mentaux, notamment la visualisation mentale, mis en œuvre dans les techniques de traitement de l'information (association, structuration…) font appel à la concentration.

Fiche-élève 118 : savoir se concentrer

Dans ces trois exercices, la concentration est avant tout de la visualisation mentale, de la focalisation sur un traitement systématique et précis de toutes les données.

Fiche-élève 119 : jeu de dénombrement

C'est un exercice intéressant sur le plan de la coordination et de la dissociation puisqu'il faut repérer et dénombrer plusieurs éléments simultanément. Il faut éviter toute interruption ou toute confusion durant le décompte. Faire plusieurs choses en même temps nécessite une forte concentration.

2. Manipuler les indices de rappel

Ce sont des aides (lettre, mots-clés, début de phrase, image associée, question), qui ont pour but de déclencher et de faciliter le rappel.

Fiche-élève 120 : les indices de rappel

L'alphabet peut être utilisé comme un indice de rappel systématique. Lorsqu'on a oublié un mot, on peut le retrouver en testant comme initiales, toutes les lettres de l'alphabet.
La fiche propose d'effectuer ce type de recherche sur des noms de pays (jeu du baccalauréat).
Dans la deuxième partie on va utiliser un mot comme indice de rappel pour retrouver dans sa mémoire longue des expressions et des titres de poésies, chansons…

3. Utiliser un plan de rappel

Un plan de rappel ou de récupération est un fil conducteur que l'on installe au moment de l'apprentissage pour le réutiliser lors de la restitution. Il peut revêtir de multiples formes : schéma avec mots-clés, jeu de questions (QQCOQP), itinéraire où l'on associe des lieux et des informations…

Fiches-élève 121 et 122

Deux exemples de mise en place de plans de rappel et leur utilisation lors de la restitution.
Chaque fiche est scindée en deux parties :
- l'analyse et le traitement du document où l'on notera la démarche multi-épisodique, questionnement, émergence et mise en relation des connaissances antérieures,
- les exercices de mémorisation et de rappel, test de reconnaissance, rappel indicé et rappel libre.

Détacher la partie supérieure de la feuille pour la deuxième partie.

Objectif Être capable de se concentrer

1 - Les pièces détachées

Les pièces détachées marquées d'une lettre permettent de réaliser les trois figures de gauche.
Inscris le plus rapidement possible, sur chacune des figures, la lettre correspondant à la pièce détachée.

Temps mis :......................

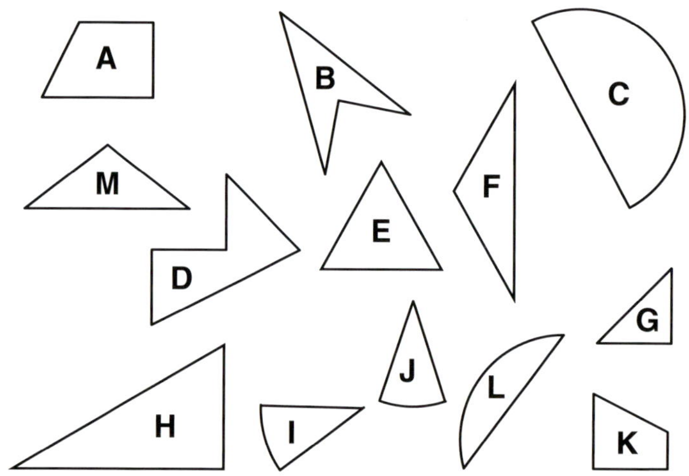

2 - Les planches infernales

En faisant glisser les planches vers le bas ou le haut, tu trouveras un mot de 8 lettres.

MÉMOIRE

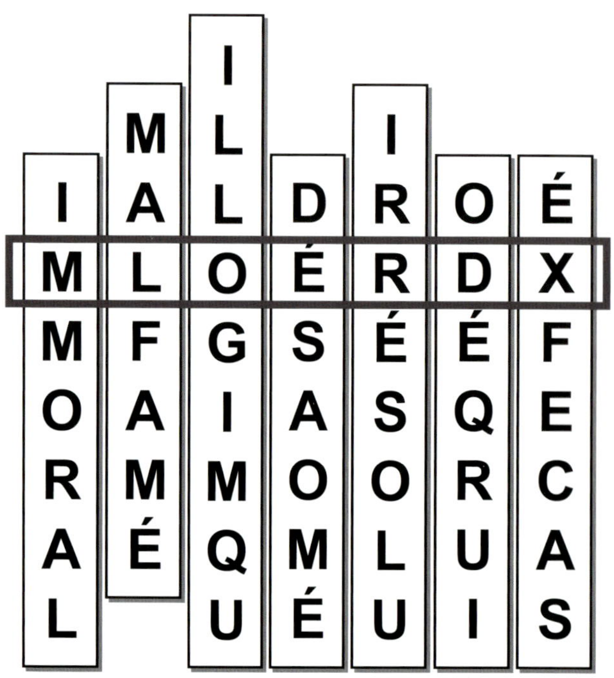

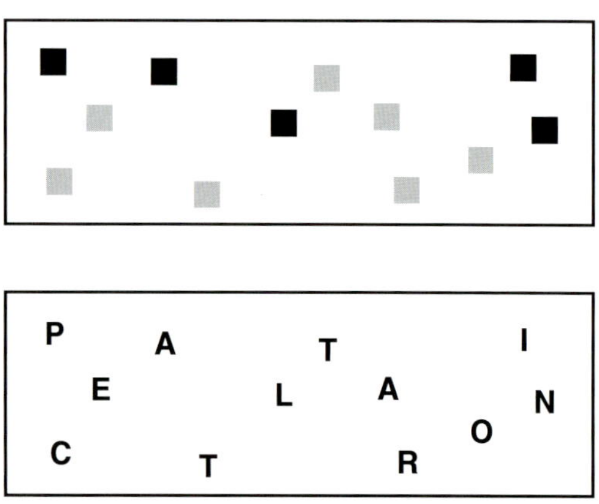

3 - Le cache-lettre

Essaie de superposer mentalement les deux plaques et tu verras apparaître le nom d'un animal derrière les carrés noirs et le nom d'un objet derrière les carrés gris.

Réponse : lapin carotte

Objectif Être capable de se concentrer

Jeux de dénombrement

Tous ces jeux doivent être effectués visuellement, sans s'aider du doigt ou d'un crayon.

1 - Compte le plus vite possible le nombre de pièces de 1 centime, 20 centimes et de 2 euros.

Réponse : pièces de 1 : ...22..., **pièces de 20 :** ...9..., **pièces de 2 :** ...4...

2 - Dans le texte ci-dessous, cherche le plus vite possible combien de fois apparaissent les mots carpe, pigeon, rat.

Le mot « carpe » : ...4 fois... **le mot « pigeon » :** ...3 fois..., **le mot « rat » :** ...4 fois...

De la carpe, du pigeon ou du rat, quel est l'animal le plus intelligent ? Il y a 9 ans, cette question a torturé pendant des jours et des nuits l'esprit d'un chercheur allemand. Il pensait pouvoir mesurer l'intelligence des trois animaux grâce à un test d'apprentissage : le rat devait appuyer sur un levier pour obtenir sa pitance, le pigeon taper du bec sur un disque et la carpe pousser du museau un bâton suspendu dans son aquarium. À ce petit jeu, le rat partait favori…

Le chercheur compta soigneusement pour chaque animal le nombre d'essais ratés avant qu'il ne comprenne comment obtenir sa récompense alimentaire. Stupeur ! Alors qu'il fallait, en moyenne, 22 tentatives aux rats, les pigeons réussissaient en 10 tentatives et les carpes se contentaient de 4 malheureux essais ! Pire : un enfant de 5 mois, confronté au même problème avait besoin de près de 30 essais pour établir l'association.

Faut-il conclure de cette expérience que les carpes sont plus intelligentes que les hommes ? Absurde évidemment ! Les résultats obtenus par le chercheur montrent seulement que la vitesse à laquelle une tâche est apprise n'est pas un critère fiable pour jauger les capacités intellectuelles d'un être vivant.

d'après un article paru dans la revue « Science et Vie Junior »

3 - Dans la liste ci-contre, combien de fois apparaissent les chiffres 4, 5 et 7 ?

(fais cet exercice mentalement, sans écrire)

Nombre de 4 : ...9...

Nombre de 5 : ...3...

Nombre de 7 : ...4...

64	87	36	42	71
20	52	76	13	49
19	66	28	39	48
94	44	76	28	21
30	69	54	45	32

Objectif Manipuler les indices de rappel

Utiliser l'alphabet comme indice de rappel

Lorsque tu ne te souviens plus d'un mot, tu peux le retrouver en faisant défiler les lettres de l'alphabet. Tu disposes ainsi d'un indice de rappel pour la première lettre du mot.

Trouve le maximum de noms de pays commençant par les premières lettres de l'alphabet.

Allemagne
Belgique
Canada
Danemark
Espagne
France
Grèce
Hollande
Italie
Japon
Kenya
Luxembourg
Madagascar
Nigéria
Ouganda
Portugal
Qatar
Roumanie
Suède
Tunisie
Ukraine

(d'autres solutions peuvent êtres trouvées)

Utiliser un mot comme indice de rappel

Trouve toutes les expressions contenant le mot « tête ».

Exemple : n'en faire qu'à sa tête.

Tomber sur la tête
Ne pas avoir la tête sur les épaules
Avoir la tête dans les nuages
Avoir la grosse tête
Se prendre la tête
Une tête bien faite
Une tête de linotte
Faire un tête à queue

Trouve des titres de poésies, chansons, comptines avec des noms d'animaux.

Objectif **Mettre en place un plan de rappel**

La démarche d'analyse

Étape 1 : Ce qu'évoque pour moi le sujet

• jeu d'association d'idées :

Écris tous les mots que tu associes au soleil :

soleil - lumière - ....

....

....

....

• jeu d'hypothèses sur le texte :

Imagine la réponse à la question posée :

....

....

....

....

Étape 2 : les mots-clés

Recherche et entoure les mots-clés.

Ils correspondent à une idée importante, une explication permettant de donner une réponse à la question posée.

Étape 3 : le plan de rappel

Organise et relie les mots-clés dans un schéma ou un enchaînement logique.

Le titre du texte

Qu'arriverait-il si le soleil disparaissait ?

Le texte

Si le soleil disparaissait soudainement, il n'y aurait plus ni chaleur ni lumière. Ce serait une nuit éternelle. Nous pourrions produire de la lumière, mais les plantes cesseraient de pousser et, très vite, nous n'aurions plus rien à manger. Très vite aussi, sans la chaleur du soleil, il ferait extrêmement froid. Nous mourrions sans doute gelés, avant même de périr de faim. Mais il est inutile de s'inquiéter : le soleil brillera encore pendant 5 milliards d'années.

Le plan de rappel

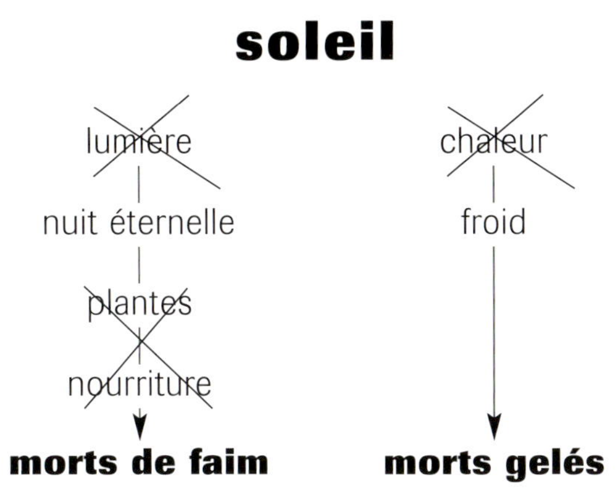

Les exercices de rappel

Étape 4 : rappel avec indices

Retrouve les mots-clés dans le texte à trous.

Étape 5 : rappel libre

Retrouve le plan de rappel (le schéma).
Retrouve l'essentiel du texte.

L'exercice à trous

Si le soleil disparaissait soudainement, il n'y aurait plus ni chaleur ni lumière. Ce serait une nuit éternelle. Nous pourrions produire de la lumière, mais les plantes cesseraient de pousser et, très vite, nous n'aurions plus rien à manger. Très vite aussi, sans la chaleur du soleil, il ferait extrêmement froid. Nous mourrions sans doute gelés, avant même de périr de faim. Mais il est inutile de s'inquiéter : le soleil brillera encore pendant 5 milliards d'années.

Objectif Mettre en place un plan de rappel

La démarche d'analyse

Étape 1 : Ce qu'évoque pour moi le sujet

• jeu d'association d'idées

Écris tous les mots que tu associes à la préhistoire :

préhistoire - ____________________

____

• jeu d'hypothèses sur le texte

Imagine les habits des hommes préhistoriques :

____

____

____

Étape 2 : les idées-clés

Recherche et entoure les mots-clés du texte à partir des 7 questions : QQCOQP

Qui - Quoi - Comment - Où - Quand - Pourquoi

Le titre du texte

Les habits des hommes préhistoriques

Le texte

Durant la préhistoire, il y a 20 000 ans, à l'emplacement de la France actuelle, le climat était le même qu'en Norvège aujourd'hui. Pas question dans ces conditions de se promener tout nu ! Les hommes préhistoriques se fabriquaient des vêtements très élaborés, en cousant des peaux. Mocassins, pantalons, veste et même gants : ils étaient très bien équipés contre le froid. On connaît ces vêtements grâce aux gravures et aux dessins qu'ils ont laissés et grâce à des coquillages et des perles qui avaient été fixés sur les coutures et qui sont restés après le pourrissement du vêtement.

- -

Les exercices de rappel

Étape 3 : rappel avec indices

Retrouve les mots-clés dans le texte à trous.

Retrouve les idées-clés à partir des 7 questions (sans l'aide du texte).

- Quand ? Dès la préhistoire, il y a 20 000 ans.
- Qui ? les hommes préhistoriques.
- Quoi ? des vêtements, mocassins, pantalons, veste et gants.
- Comment les fabriquaient-ils ? en cousant des peaux.
- Comment le sait-on ? grâce à des gravures et des objets retrouvés.
- Pourquoi ? le climat était le même qu'en Norvège aujourd'hui.
- Pour quoi ? pour se protéger du froid.

Étape 4 : rappel libre (sans aide)

Retrouve l'essentiel du texte.

Pour t'aider, rappelle-toi des 7 questions.

L'exercice à trous

Durant la préhistoire, il y a 20 000 ans, à l'emplacement de la France actuelle, le climat était le même qu'en Norvège aujourd'hui. Pas question dans ces conditions de se promener tout nu ! Les hommes préhistoriques se fabriquaient des vêtements très élaborés, en cousant des peaux. Mocassins, pantalons, veste et même gants : ils étaient très bien équipés contre le froid. On connaît ces vêtements grâce aux gravures et aux dessins qu'ils ont laissés et grâce à des coquillages et des perles qui avaient été fixés sur les coutures et qui sont restés après le pourrissement du vêtement.

Situations et stratégies de mémorisation

Dans cette dernière partie, nous illustrons à travers sept exemples de situations, la mise en œuvre de stratégies de mémorisation adaptées.
Des constantes apparaîtront rapidement à l'enseignant et à l'élève :
- la nécessité de relier chaque nouvelle information à ce qui est déjà connu et aux connaissances voisines,
- l'intérêt de l'apprentissage multi-épisodique qui se caractérise par une démarche active et des contextes variés,
- l'importance de l'analyse et d'un traitement prévoyant la mise en place d'un plan de rappel s'appuyant sur la structure du document.

Fiche-élève 125
Mémoriser des données géographiques

Il s'agit de connaître et de localiser les 22 noms des régions de France.
On utilise ici, un double support de rappel : les groupements alphabétiques des noms et la carte.
Le travail s'effectue en plusieurs temps :
- faire émerger les connaissances des élèves : régions connues à partir de références diverses (vacances, monuments, clubs de foot),
- effectuer des recherches sur les régions non connues à partir des indices fournis : une ville et la première lettre du nom de la région,
- travailler sur les groupements alphabétiques et s'entraîner à mémoriser par familles d'initiales (tous les nom en A...),
- utiliser des systèmes de cache pour s'entraîner à retrouver les noms à partir de leur initiale puis à partir de la carte.

Il nous semble intéressant d'effectuer tout ce travail d'apprentissage de manière guidée, en faisant découvrir et en expliquant aux élèves toutes les possibilités de mémorisation.
Si nécessaire, diminuer le nombre de régions à mémoriser.

Fiche-élève 126
Reproduire un plan ou un dessin

La fiche fera l'objet de deux séances distinctes.
On pourra agrandir les documents pour en faire des supports collectifs à montrer dans le cadre d'une séance dirigée.
Il est important de bien faire analyser le document : dénombrement et positionnement des pièces, des fenêtres..., géométrie, analogies de forme (les routes dessinent deux A, une structure rayonnante à 6 branches autour du rond point, et 6 lieux disposés autour...).
Procéder par succession d'observations et de questionnement (document absent).
On insistera enfin sur le travail de visualisation mentale, modèle absent, yeux fermés, avant de passer à la reproduction par le dessin.

Fiche-élève 127
Reproduire une construction géométrique

S'assurer que les élèves connaissent les notions de rayon, diamètre, arc et savent manipuler le compas.
Il s'agit d'être capable de mémoriser une suite d'opérations. En effectuant la succession de gestes correspondant au tracé, l'élève sollicite à la fois ses mémoires kinesthésique et visuelle.
Le plan de rappel est ici sur la succession des outils utilisés lors des étapes de la construction.

Fiche-élève 128
Mémoriser les tables de multiplication

S'assurer que les élèves ont bien compris le concept de multiplication avant de leur proposer des trucs mnémotechniques pour mieux retenir les tables.
Pour pallier à l'aspect souvent monotone de cet apprentissage, on propose ici une démarche basée sur la répétition active à partir de supports variés : tableau, tables, jeu de cartes.
À travers cette démarche, l'enfant est amené à faire le point sur ce qu'il sait, à chercher, complé-

ter les supports, mettre en relief certaines particularités ou difficultés, découvrir des « trucs »...
La technique de la répétition active sera bien illustrée par la mise en place d'un jeu de cartes où l'on sélectionne les multiples que l'enfant ne connaît pas bien. Ceux-ci seront mémorisés en profitant de la répétition induite par la situation de jeu.

Fiches-élève 130 et 131
Apprendre une notion scientifique

Cette situation met en œuvre le principe de l'apprentissage multi-épisodique : présenter un concept sous les formes les plus variées possibles et le plus souvent possible (cours, lectures, recherches, expériences, fabrication d'un dossier, extrait de film...).
Chaque nouveau concept s'intègre ainsi dans un véritable réseau de connaissances en se reliant avec les notions et les représentations que possède déjà l'élève.
On multiplie les épisodes d'apprentissages en travaillant sur des contextes variés : partir de ce que l'on sait, expérimenter, se documenter, faire le lien avec d'autres connaissances (vocabulaire, histoire...).
Les trois exercices de rappel doivent faire l'objet de séances distinctes :
Le test de reconnaissance a plutôt une fonction d'évaluation formative et doit être considéré comme un exercice de plus (un épisode) dans le processus d'apprentissage et d'acquisition de la notion.
Le rappel libre est le moyen d'évaluer si la notion est réellement acquise par l'élève. On considère cependant qu'il aura fallu cinq à six épisodes d'apprentissage pour y parvenir.

Fiches-élève 132 et 133
Apprendre un résumé d'histoire

Plusieurs contextes et supports d'apprentissages sont à nouveau associés : carte, frise, résumé, plan du résumé.
La difficulté vient ici de ce que l'on associe des supports spatiaux (carte) et temporels (frise chronologique) impliquant pour l'élève de mémoriser des dates, des noms de personnages et des noms de lieux. On voit bien que le travail demandé à l'enfant est, dans ce cas, extrêmement complexe.
Il est donc judicieux de procéder en plusieurs épisodes où l'on abordera successivement la succession des faits historiques, puis leur localisation sur la carte et enfin leur place sur la frise.
Pour chacun de ces épisodes il sera très important de s'appuyer sur les connaissances antérieures de l'élève : pays connus, dates repères (1789...)
La même information se retrouve dans les trois supports. On insistera sur la mise en relief de cette relation par la couleur.
Même remarque que précédemment pour les évaluations.

Fiche-élève 134
Étudier un cours

L'objectif est d'aider l'élève à acquérir une méthode pour effectuer des prises de notes et retravailler un cours afin de le rendre assimilable.
Cet exercice devra être repris sur toute une série de documents. À aborder fin CM2 et collège.

Voici l'adresse internet de deux sites intéressants où vous pourrez trouver de nombreux documents pour des activités ou des situations de mémorisation : documentaires, poèmes, activités pour la classe...)
http://www.momes.net
http://www.cartables.net

Objectif Mémoriser des données géographiques

La démarche d'analyse

1. Je fais le point sur ce que je sais déjà.

En m'aidant de l'indice alphabétique et de la localisation sur la carte (numéro), j'écris dans la liste le nom des régions que je connais. Je recherche ensuite dans un document (annuaire, dictionnaire, atlas) les noms des régions que je ne connais pas pour compléter la liste…

2. J'observe les particularités du groupement alphabétique :

- la famille la plus importante : tous les noms commencent par P,
- les 4 familles de 3 : A - C - L - N,
- les suites alphabétiques : A - B - C et L - M - N- P,
- les ressemblances entre les noms des régions et des villes : Limousin - Limoges, Poitou-Charente - Poitiers.

3. Je fais le lien avec tout ce que je sais sur chaque région :

l'origine du nom, les particularités géographiques, mes souvenirs de voyage…

Les exercices de mémorisation et de rappel

4. Le rappel indicé

En utilisant la carte comme seul support de rappel, j'essaie de retrouver le nom de chaque région à partir de son numéro d'ordre.
Je surligne les réponses trouvées.
Je vérifie sur la liste et je répète l'opération 4 jusqu'à ce que je connaisse les 22 noms.

5. Le rappel libre

J'essaie de retrouver les 22 noms en m'appuyant sur l'ordre alphabétique.

Liste des 22 régions de France

1 Alsace
2 Aquitaine
3 Auvergne

4 Bourgogne
5 Bretagne

6 Centre
7 Champagne-Ardenne
8 Corse

9 Franche-Comté

10 Île de France

11 Languedoc-Roussillon
12 Limousin
13 Lorraine

14 Midi-Pyrénées

15 Nord-Pas de Calais
16 Normandie (Basse)
17 Normandie (Haute)

18 Pays de Loire
19 Picardie
20 Poitou-Charente
21 Provence - Côte d'Azur

22 Rhône-Alpes

Objectif **Reproduire un plan ou un dessin**

Le plan de l'appartement

J'observe bien le plan.

Je repère et je dénombre les pièces, les portes, les fenêtres, le balcon et le placard. J'examine sa forme, la position des lignes qui délimitent les pièces.

Je revois mentalement.

Je ferme les yeux et j'essaie de revoir le plan. Je dois pouvoir compter les pièces, situer les portes et les fenêtres ainsi que le balcon et le placard. Je vérifie.

Je reproduis le plan.

Je replie la feuille et sans regarder le modèle, je dessine le plan que j'ai mémorisé dans le rectangle.

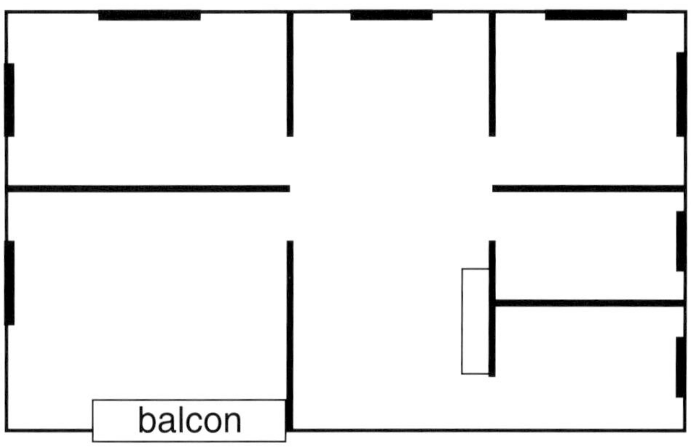

Le plan de la ville

J'observe bien le plan.

Je repère et je dénombre les routes, leur disposition et les dessins qu'elles forment.
Je dénombre les lieux et j'observe leur disposition.

Je revois mentalement.

Je ferme les yeux et j'essaie de revoir le plan. Je dois pouvoir compter les routes, situer les lieux. Je vérifie.

Je reproduis le plan.

Je replie la feuille et sans regarder le modèle, je dessine le plan que j'ai mémorisé dans le rectangle.

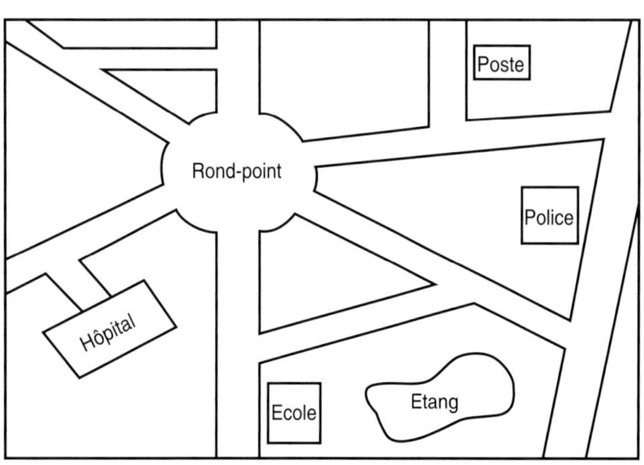

Objectif Reproduire une construction géométrique

J'observe.

Je regarde bien les 8 étapes de la séquence de construction de l'œuf.
Je note la succession des outils utilisés et la suite des tracés à effectuer.

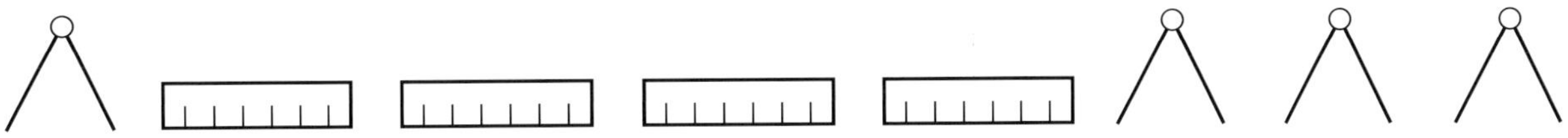

cercle **diamètre** **diamètre** **1/2 droite** **1/2 droite** **arc** **arc** **arc**

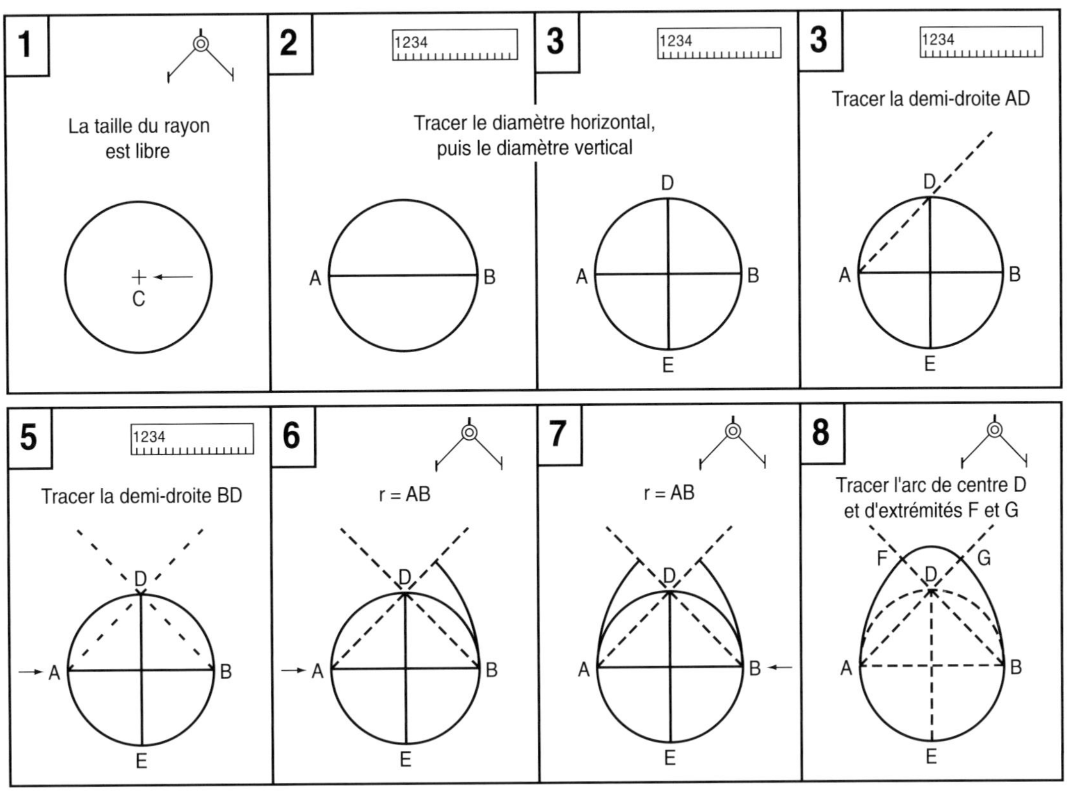

Je reproduis la figure.

(avec le modèle)

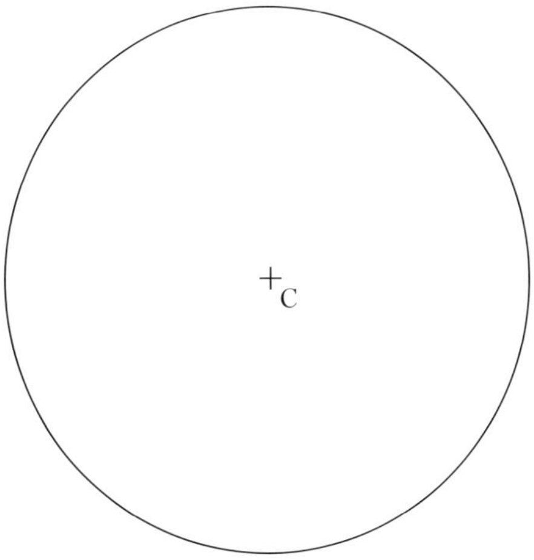

Je reproduis la figure de mémoire.

(si j'ai réussi l'étape précédente)

Objectif **Mémoriser les tables de multiplication**

Pour apprendre rapidement et efficacement les tables de multiplication :
- multiplie les activités, les jeux, et utilise des supports variés,
- observe les particularités des tables, pour découvrir de petits trucs et astuces.

1 - Je fais le point sur ce que je sais déjà.

Je complète les deux documents (tableau et tables) avec tout ce que je sais déjà.

2 - Je recherche tout ce qui peut faciliter la mémorisation.

Je place tous les multiples faciles (multiples de 1, 2, 5)
J'explique les trucs pour trouver ces multiples,
- multiples de 2 : 2, 4, 6, 8, 10.
- multiples de 5 : 5, 10, 15, 20, 25.

Je me sers de la disposition des réponses dans le tableau.
De chaque côté de la diagonale, les nombres sont identiques.
Lorsque j'ai appris un côté, je connais automatiquement l'autre.

Je me sers des multiples faciles pour trouver les réponses voisines.
Pour trouver 8 x 6, je connais 8 x 5 = 40, j'ajoute 8 et je trouve 48.

3 - J'observe les particularités de certains multiples.

Les multiples de 9
Il existe plusieurs trucs amusants pour les retenir :
Avec les mains :
- je pose les deux mains sur la table,
- pour trouver 4 x 9, je plie le 4e doigt
  et je lis les deux chiffres de chaque côté :

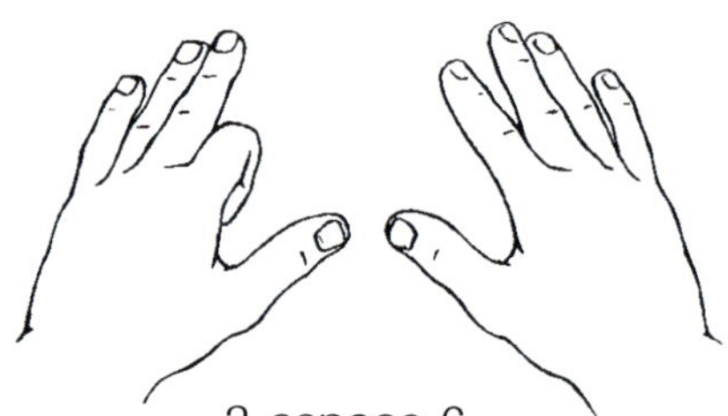

3 espace 6

Je note ce que j'ai encore observé sur les multiples de 9 :

____

Avec d'autres multiples :
56 = 7 x 8 (5 6 7 8)
12 = 3 x 4 (1 2 3 4)
Je note ici les autres trucs que j'ai trouvés :

____

4 - Je mets en relief ce que je ne connais pas.

Lorsque j'ai complété le tableau et les tables avec toutes les réponses faciles et connues,
je surligne ce qui reste et je m'entraîne à les retenir par le jeu.

5 - Je joue pour m'entraîner.

4 x 7	28

Je fabrique un jeu de cartes avec les multiples à étudier (une face question et une face réponse).
Pour jouer, on étale toutes les cartes. Chacun joue à tour de rôle, montre une carte, donne la réponse, puis vérifie en retournant. Si c'est juste, il garde la carte. Celui qui a le plus de cartes a gagné.

Objectif Mémoriser les tables de multiplication **documents**

X	0	1	2	3	4	5	6	7	8	9	10
0	0	0	0	0	0	0	0	0	0	0	0
1	0	1	2	3	4	5	10	7	8	9	10
2	0	2	4	6	8	10	12	14	16	18	20
3	0	3	6	9	12	15	18	21	24	27	30
4	0	4	8	12	16	20	24	28	32	36	40
5	0	5	10	15	20	25	30	35	40	45	50
6	0	6	12	18	24	30	36	42	48	54	60
7	0	7	14	21	28	35	42	49	56	63	70
8	0	8	16	24	32	40	48	56	64	72	80
9	0	9	18	27	36	45	54	63	72	81	90
10	0	10	20	30	40	50	60	70	80	90	100

x 1	x 2	x 3	x 4	x 5
1 x 0 = 0	2 x 0 = 0	3 x 0 = 0	4 x 0 = 0	5 x 0 = 0
1 x 1 = 1	2 x 1 = 2	3 x 1 = 3	4 x 1 = 4	5 x 1 = 5
1 x 2 = 2	2 x 2 = 4	3 x 2 = 6	4 x 2 = 8	5 x 2 = 10
1 x 3 = 3	2 x 3 = 6	3 x 3 = 9	4 x 3 = 12	5 x 3 = 15
1 x 4 = 4	2 x 4 = 8	3 x 4 = 12	4 x 4 = 16	5 x 4 = 20
1 x 5 = 5	2 x 5 = 10	3 x 5 = 15	4 x 5 = 20	5 x 5 = 25
1 x 6 = 6	2 x 6 = 12	3 x 6 = 18	4 x 6 = 24	5 x 6 = 30
1 x 7 = 7	2 x 7 = 14	3 x 7 = 21	4 x 7 = 28	5 x 7 = 35
1 x 8 = 8	2 x 8 = 16	3 x 8 = 24	4 x 8 = 32	5 x 8 = 40
1 x 9 = 9	2 x 9 = 18	3 x 9 = 27	4 x 9 = 36	5 x 9 = 45
1 x 10 = 10	2 x 10 = 20	3 x 10 = 30	4 x 10 = 40	5 x 10 = 50

x 6	x 7	x 8	x 9	x 10
6 x 0 = 0	7 x 0 = 0	8 x 0 = 0	9 x 0 = 0	10 x 0 = 0
6 x 1 = 6	7 x 1 = 7	8 x 1 = 8	9 x 1 = 9	10 x 1 = 10
6 x 2 = 12	7 x 2 = 14	8 x 2 = 16	9 x 2 = 18	10 x 2 = 20
6 x 3 = 18	7 x 3 = 21	8 x 3 = 24	9 x 3 = 27	10 x 3 = 30
6 x 4 = 24	7 x 4 = 28	8 x 4 = 32	9 x 4 = 36	10 x 4 = 40
6 x 5 = 30	7 x 5 = 35	8 x 5 = 40	9 x 5 = 45	10 x 5 = 50
6 x 6 = 36	7 x 6 = 42	8 x 6 = 48	9 x 6 = 54	10 x 6 = 60
6 x 7 = 42	7 x 7 = 49	8 x 7 = 56	9 x 7 = 63	10 x 7 = 70
6 x 8 = 48	7 x 8 = 56	8 x 8 = 64	9 x 8 = 72	10 x 8 = 80
6 x 9 = 54	7 x 9 = 63	8 x 9 = 72	9 x 9 = 81	10 x 9 = 90
6 x 10 = 60	7 x 10 = 70	8 x 10 = 80	9 x 10 = 90	10 x 10 = 100

Découverte et apprentissage

1 - Ce qu'évoque pour moi la pile électrique

Écris tous les mots que tu associes à la pile :

pile - électricité - ______________________

2 - L'expérimentation

Fabrique une pile électrique à l'aide de la notice.

3 - L'interprétation et l'explication

Explique ce que tu constates : ______________________

____

4 - Mes autres recherches sur la pile électrique

Peut-on fabriquer de l'électricité autrement ? ______________________

Qui a inventé la pile électrique ? ______________________

Situe l'invention de la pile sur la frise.

Connais-tu d'autres inventions qui ont précédé ou suivi ? Place-les sur la frise.

Connais-tu d'autres sens du mot pile ? ______________________

Les exercices de mémorisation et de rappel

Le test de reconnaissance (QCM)

Barre ce qui est faux.

- *Le vinaigre provoque un courant d'air.*
- *Si on ne trempe pas les mouchoirs dans le vinaigre, le courant ne passe pas.*
- *Le vinaigre provoque la circulation du courant d'un métal à l'autre.*
- *Volta était un physicien italien.*
- *Il y avait déjà des piles électriques en 1600.*
- *La première pile électrique était un empilement de pièces de métal et de tissus imbibés de vinaigre.*
- *Volta a inventé la première pile électrique en 1900.*
- *On doit à Volta les mots « pile électrique » et « volt ».*

Le rappel indicé (exercice à trous) : l'invention de la pile électrique

Complète les phrases avec le mot exact.

La première ______________, *inventée par* ______________ *en* ______________ *était un* ______________ *de* ______________ *en* ______________ *et de* ______________ *imbibés de* ______________ .

C'est pourquoi on a donné le nom de « ______________ *» à cet instrument.*

Depuis, les ______________ *ont* ______________ *mais ont gardé leur* ______________.

Le rappel libre

Sur une autre feuille et sans t'aider des documents,

- explique comment tu as fabriqué une pile ; tu peux t'aider d'un schéma,
- donne le principe du fonctionnement de la pile,
- raconte l'invention de la pile.

La pile électrique

Fabrication d'une pile électrique

Le matériel :
du vinaigre, 10 pièces de 20 centimes, du papier aluminium, du carton (15 x 10 cm), 2 fils électriques dénudés aux extrémités, des mouchoirs en papier, du ruban adhésif, une ampoule LED

La fabrication

1 - Forme un tube avec le carton et fabrique un fond avec du papier aluminium. Entoure avec un morceau de fil électrique dénudé et fixe le tout avec du ruban adhésif.

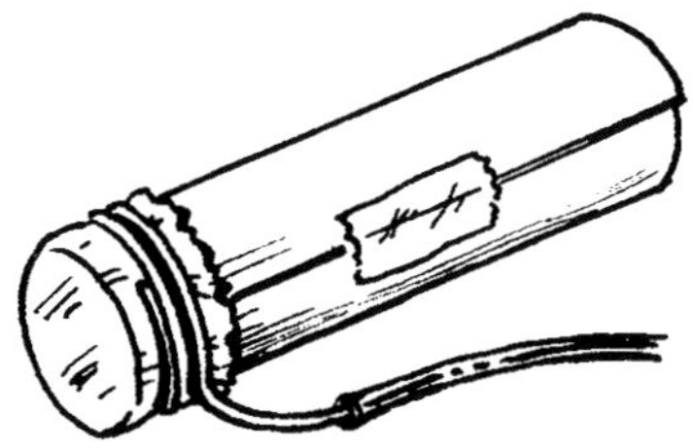

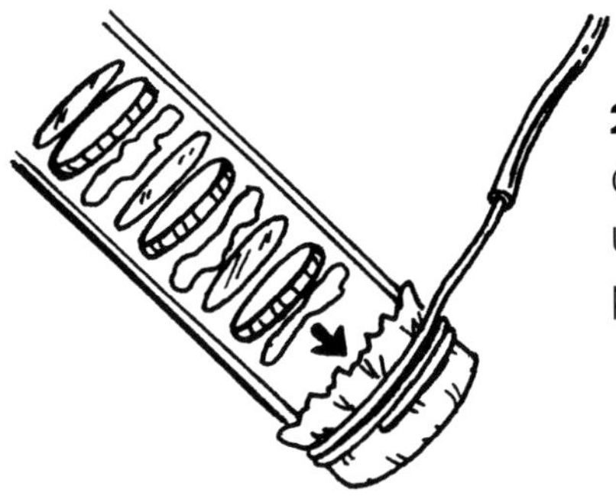

2 - Trempe des petits morceaux de mouchoir en papier dans le vinaigre et empile dans le tube un morceau de mouchoir, une pièce et du papier aluminium puis de nouveau mouchoir, pièce, papier aluminium, etc.

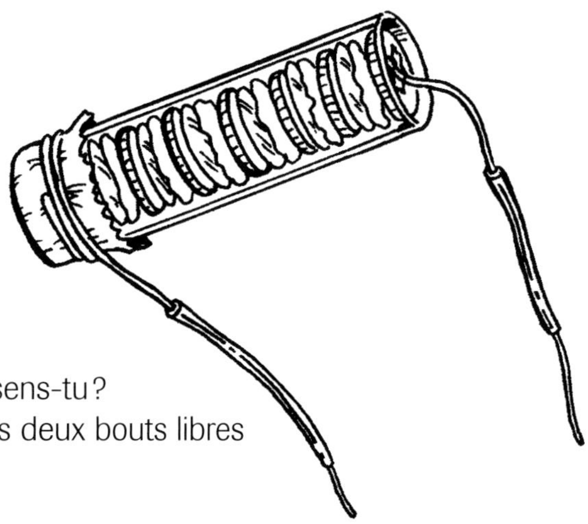

3 - Termine ton tas par une pièce et fixe l'extrémité d'un fil dénudé avec du ruban adhésif.

L'expérience

Pose les deux bouts libres des fils sur ta langue. Que ressens-tu ?
Écarte délicatement les contacts de la LED et entortille les deux bouts libres des fils sur chaque contact. Qu'observes-tu ?

L'explication

En touchant les fils avec la langue, on sent des picotements. La LED s'allume.
Un courant électrique circule à l'intérieur des fils, de la langue et de l'ampoule. Ce courant est produit par l'empilement de métaux et de papier vinaigré, qui constitue la pile. Le vinaigre provoque la circulation du courant d'un métal à l'autre, alors que l'air empêcherait cette circulation.

L'invention

La première pile, inventée par le physicien italien Volta en 1800 était un empilement de pièces de métal et de tissus imbibés de vinaigre. C'est pourquoi on a donné le nom de « pile » à cet instrument. Depuis, les piles ont changé mais ont gardé leur nom.

La frise historique

1800 1850 1900

Objectif Apprendre un résumé d'histoire | **la mémorisation**

Pour apprendre ce résumé d'histoire tu vas te servir du plan, de la frise chronologique et de la carte.

Lis d'abord le résumé et repère bien les quatre grandes parties du plan.

Souligne les mots que tu ne connais pas et cherche leur signification.

Entoure les dates et les faits importants que tu retrouves sur la frise chronologique.

Recherche et colorie les lieux importants sur la carte, la frise et le résumé.

Mémorise d'abord le plan puis la frise en essayant de revoir les dates et les faits indiqués.

Essaie ensuite de retrouver le résumé à partir du plan et de la frise.

Le plan du résumé

1. Premières campagnes
2. Du consulat à l'empire
3. Les conquêtes
4. Les défaites et la fin de l'empire

Le résumé

NAPOLÉON 1er - L'EMPIRE

1. De 1792 à 1799, la France fait la guerre à l'Europe des rois. Un jeune général corse, Napoléon Bonaparte, va se couvrir de gloire en chassant les Autrichiens d'Italie. En 1798, il s'impose à l'Angleterre en remportant la bataille des Pyramides en Égypte.

2. À son retour, Bonaparte prend le pouvoir le 9 novembre 1799 par un coup d'état et instaure un nouveau régime politique : le consulat qui met fin à la Révolution. Le 2 décembre 1804, il se fait couronner Empereur par le Pape à Paris.

3. L'empire va être une longue suite de batailles et de guerres. Les premières sont victorieuses comme Austerlitz où les Russes et les Autrichiens sont écrasés le 2 décembre 1805. Napoléon devient le maître de l'Europe.

4. Par ses ambitions, il inquiète les pays du continent. Plusieurs coalitions vont alors se nouer contre lui : elles regroupent la Grande-Bretagne, l'Autriche, la Prusse et la Russie. Alors en 1812, c'est la retraite de Russie : la grande armée napoléonienne de 750 000 hommes est vaincue par le froid sibérien. En juin 1815, c'est la fin : vaincu à Waterloo en Belgique, Napoléon se rend aux Anglais et meurt en exil sur l'île de Sainte-Hélène en 1821.

- **1792** – Campagne d'Italie – *Autrichiens*
- Campagne d'Égypte – *Anglais*
- **1798** – Bataille des Pyramides
- **1799** – **le consulat**
- **1804** – **début de l'Empire**
- **1805** – Bataille d'Austerlitz – *Russes et Autrichiens*
- **1812** – Retraite de Russie
- **1815** – Bataille de Waterloo – *Anglais* – **fin de l'Empire**
- **1821** – Mort à Sainte-Hélène

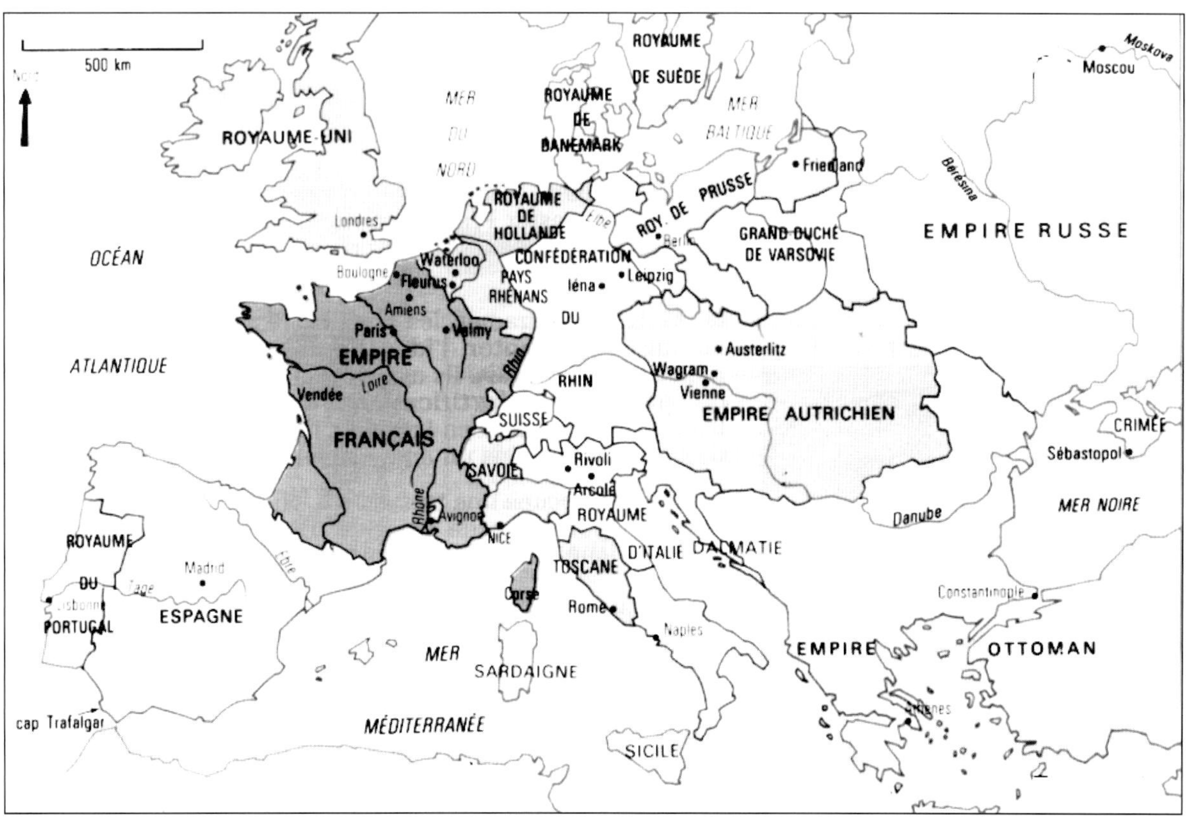

Les exercices de rappel

Le test de reconnaissance

Entoure la bonne réponse

- *En 1798, Napoléon Bonaparte*
  - *chasse les Russes d'Autriche*
  - *remporte la bataille des Pyramides contre l'Angleterre*
  - *met fin à la révolution*

- *Napoléon Bonaparte prend le pouvoir*
  - *le 9 novembre 1799*
  - *le 2 décembre 1805*
  - *en juin 1812*

- *Le 2 décembre 1804, Napoléon Bonaparte*
  - *se fait couronner empereur*
  - *se rend aux Anglais.*
  - *meurt à Sainte-Hélène*

- *Le 2 décembre 1805, à Austerlitz*
  - *Napoléon Bonaparte est vainqueur des Russes et des Autrichiens*
  - *Napoléon Bonaparte est vaincu par les Anglais*
  - *Napoléon Bonaparte devient roi*

- *En juin 1815, à Waterloo*
  - *Napoléon Bonaparte écrase les Belges*
  - *Napoléon Bonaparte est vaincu par la coalition*
  - *Napoléon Bonaparte devient le maître de l'Europe*

Le rappel indicé : la grille de rappel à compléter.

.... - ....

De .... à ...., la .... fait la guerre à .... Un ...., ..., va .... en chassant les .... d'............ En ...., il s'impose à .... en remportant la ....

À son retour, ... prend .... le .... par un .... et instaure un .... : le .... qui met fin à .... Le ...., il se fait .... par .... à ....

L' .... va être une longue suite de .... et de .... Les premières sont .... comme .... où les .... et les .... sont .... le .... Il devient le .... Par ses ...., Napoléon inquiète les pays du .... Plusieurs .... vont alors se nouer contre lui : elles regroupent ...., l'................, la .... et la ....

Alors en ...., c'est la .... : la grande armée napoléonienne de .... hommes est .... par le .... En ...., c'est la fin : vaincu à .... en ...., Napoléon se .... aux .... et .... en .... sur .... en.............. .

Le rappel indicé : la frise à compléter

Complète la frise en ajoutant les principaux événements.

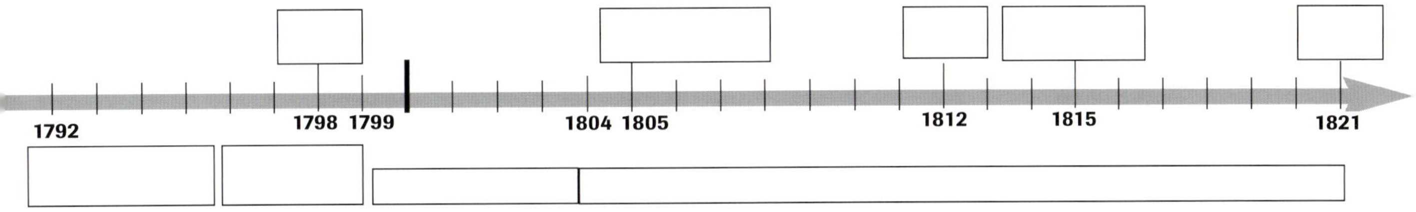

Objectif **Comment étudier un cours**

Ce cours est difficile à étudier car il n'a pas été retravaillé. Pour le comprendre et pouvoir l'apprendre facilement, il va falloir structurer davantage les informations. Munis-toi de couleurs et d'une règle et procède comme suit :

L'Amérique de 1920 à 1930

L'INTRODUCTION

Surligne les 2 idées importantes.

Encadre le mot qui indique le passage à une nouvelle idée.

Les années qui vont suivre la guerre se placeront pour les pays vainqueurs sous le signe d'une prospérité relative imitée du modèle américain qui ne profitera pas également à tous les pays.

Cependant, à partir de 1929, la crise économique qui va se propager de l'Amérique vers l'Europe suscitera des réactions économiques qui mettront en cause les dogmes du capitalisme libéral, ébranlant les régimes politiques traditionnels pour ouvrir la voie aux fascismes.

LE DÉVELOPPEMENT

Souligne les titres importants d'un double trait.

Surligne les idées importantes.

Encadre les mots clés et les dates importantes

Si nécessaire, cherche l'explication des mots difficiles et note leur signification.

En reprenant les éléments importants, note ici le plan de ce développement :

Le modèle américain
Aux élections de 1920, le républicain Harding est triomphalement élu. Ses slogans sont « América first » (Amérique d'abord) et « Back to normalay » (retour à la normale). Les affaires reprennent en 1922. La production d'acier, de pétrole et d'électricité double en quelques années. Les salaires réels augmentent de 32 % par rapport à 1914. Le chômage disparaît presque entièrement, mais inégalement selon les industries.
La prospérité retrouvée
Elle repose essentiellement sur l'augmentation de la consommation intérieure. L'automobile (5 millions d'autos construites en 1929), le bâtiment (les buildings), la radio et l'aviation commerciale profitent surtout de la prospérité. « Business, Business, Business » (travail, travail, travail)
De nouvelles techniques de production
La standardisation (fabrication de pièces pouvant aller sur tous les appareils), la rationalisation (économie de temps), la mécanisation et l'automatisation font une apparition très appréciée. Le secteur tertiaire prend de l'importance (transport, bureaux, administration). Le secteur primaire (agriculture, aviculture et pêche) et le secteur secondaire (industries) ne bougent pas.
La concentration des entreprises est à la mode :
Les trusts sont des concentrations d'entreprises qui ont le même but (ex : Ford qui s'associe à la General Motors).
Les holdings sont également des concentrations d'entreprises qui fabriquent des objets tout à fait différents les uns des autres (ex : pneus, disques, chaussures) et s'associent pour des raisons financières.
Le niveau de vie américain (l'Américan way of life)
Il est devenu un modèle dans le monde entier. Avec l'augmentation des salaires, apparaît la publicité. L'américain moyen a sa voiture, un pavillon en banlieue, tous les appareils ménagers et c'est un passionné de sport.
Les oubliés de la prospérité
Les agriculteurs sont dans la misère. Leurs revenus baissent.
Les salaires des ouvriers croissent moins vite que les profits.
Les noirs sont confrontés à un problème racial. Le Ku-Klux-Klan est dirigé contre les noirs, les catholiques, les juifs, les anarchistes.

LA CONCLUSION

Surligne les deux idées qui se dégagent.

Dans la prospérité, l'Amérique recherche la liberté mais va sans s'en apercevoir vers une crise économique.

Liste des situations et des stratégies associées pour le cycle 3

Objectif	stratégie	Référence
Analyser une information	Grille de questionnement	Fiche-élève 72
Grouper et organiser l'information	Découpage du texte	Fiche-élève 80
Développer son imagination	Techniques d'association	Fiche-élève 99
Savoir construire des représentations schématiques	Utiliser un tableau	Fiche-élève 109
Savoir découper et organiser les données	Répétition fragmentée	Fiche-élève 114
Mémoriser en multipliant les approches	Apprentissage multi-épisodique	Fiche-élève 115
Savoir utiliser des outils répétiteurs	Grilles d'indices de rappel	Fiche-élève 116
Mettre en place un plan de rappel	Élaborer un plan de rappel	Fiche-élève 121
Mettre en place un plan de rappel	Élaborer un plan de rappel	Fiche-élève 122
Mémoriser des données géographiques *	Structuration et démarche active	Fiche-élève 125
Reproduire un plan ou un dessin *	Structuration spatiale	Fiche-élève 126
Reproduire une construction géométrique *	Structurer une séquence	Fiche-élève 127
Mémoriser les tablesde multiplication *	Répétition active	Fiche-élève 128
Apprendre une notion scientifique *	Apprentissage multi-épisodique	Fiches-élève 130 et131
Apprendre et mémoriser un résumé d'histoire *	Apprentissage multi-épisodique	Fiches-élève 132 et 133
Comment étudier un cours *	Hiérarchiser et organiser les infos	Fiche-élève 134

*** Fiches spéciales « situations » commentées pages 123 et 124.**

Remerciements

Merci à tous les collègues qui nous ont fait part de leurs remarques lors de l'utilisation de la précédente édition. Ces observations nous ont été très précieuses pour la mise au point de cette nouvelle version qui ne demande qu'à être enrichie à son tour par vos apports, critiques constructives et demandes, comme tous les documents ACCÈS qui se veulent ouverts et évolutifs.
Merci également pour leurs conseils et leur aide
- Martine Wenger-Florent,
  professeur des écoles à Schiltigheim (67),
- Bernadette Millour,
  professeur des écoles à Wiwersheim (67).

Gérard Brasseur
concepteur et auteur
de Compétence Mémoire

Compétence Mémoire
8 à 13 ans

13 rue du Château d'Angleterre
67300 Schiltigheim

Conception :
Gérard Brasseur

Illustrations :
Caro

Photos :
Christian Creutz
Jacques Hampé

Conception graphique :
Ligne à Suivre Strasbourg

Imprimé en France
chez Modern Graphic à Soufflenheim

Dépôt légal : mars 2001
5e édition : décembre 2010
ISBN : 978-2-909295-30-5